AF461039

LE FUSAIN

FIGURE. — PAYSAGE

PAR

G. FRAIPONT

PROFESSEUR A LA LÉGION D'HONNEUR

Ouvrage accompagné de 40 fac-similé de l'auteur

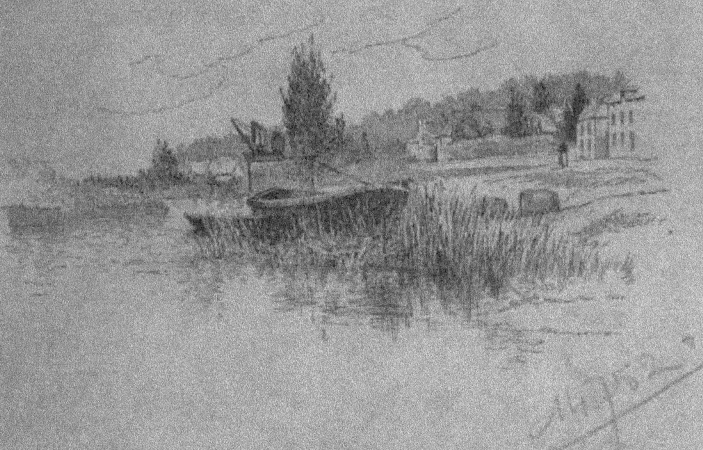

PARIS
LIBRAIRIE RENOUARD
H. LAURENS, ÉDITEUR
6, RUE DE TOURNON, 6

LE FUSAIN

DU MÊME AUTEUR

L'Art de peindre les Marines à l'aquarelle, 1 vol. in-8 avec une planche en couleurs et 50 dessins de l'auteur.

L'Art de peindre les Paysages à l'aquarelle, 1 vol. in-8 avec une planche en couleurs et 50 dessins de l'auteur.

L'Art de peindre les Fleurs à l'aquarelle, 1 vol. in-8 avec une planche en couleurs et 50 dessins de l'auteur.

L'Art de peindre les Natures mortes à l'aquarelle, 1 vol. in-8 avec une planche en couleurs et 50 dessins de l'auteur.

L'Art de peindre les Animaux à l'aquarelle, 1 vol. in-8 avec une planche en couleurs et 50 dessins de l'auteur.

L'Art de peindre les Figures à l'aquarelle, 1 vol. in-8 avec une planche en couleurs et 50 dessins de l'auteur.

L'Art de prendre un croquis et de l'utiliser, 1 vol. in-8 avec 50 dessins de l'auteur.

L'Art de faire un Dessin à la plume, 1 vol. in-8 avec 50 dessins de l'auteur.

Les Procédés de reproduction en relief. **Manière d'exécuter les dessins pour la photogravure et la gravure sur bois.** 1 vol. in-8 avec 50 dessins de l'auteur.

Les Procédés de reproduction en creux et la lithographie. **Eau-forte, Pointe sèche, Burin, Lithographie.** 1 vol. in-8 avec 50 dessins techniques et explicatifs de l'auteur.

L'Art de faire un Fusain *(Figure, Paysage, etc.).* 1 vol. in-8 avec 40 dessins de l'auteur.

Le Crayon et ses fantaisies *(Sanguine).* 1 vol. in-8 avec 25 dessins de l'auteur.

CHAQUE VOLUME : 2 FRANCS

L'Art de composer et de peindre l'éventail, l'écran, le paravent, 1 vol. in-4 avec 112 dessins et 16 fac-similés d'aquarelles de l'auteur. Prix.. 20 fr.

La Plante dans la Nature et la Décoration (fleurs, feuillage, fruits, etc.), 1 vol. in-4 avec 120 dessins et 16 fac-similés d'aquarelles de l'auteur. Prix.. 20 fr.

Les Vosges, 1 vol. in-8 avec 160 dessins inédits de l'auteur. Broché : 10 fr., relié.. 13 fr.

Ce volume est le premier de la série : **Les Montagnes de France**.

EN PRÉPARATION :

Le Jura.

2874-96. — Corbeil. Imprimerie Ed. Crété.

LE FUSAIN

FIGURE. — PAYSAGE

PAR

G. FRAIPONT

PROFESSEUR A LA LÉGION D'HONNEUR

Ouvrage accompagné de 40 fac-similés de l'auteur

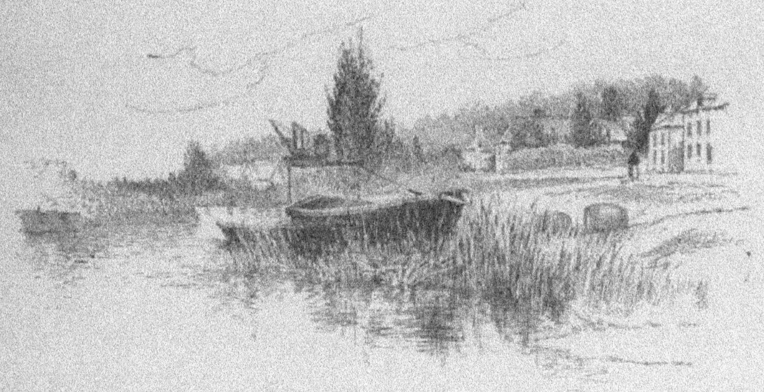

PARIS

LIBRAIRIE RENOUARD

H. LAURENS, ÉDITEUR

6, RUE DE TOURNON, 6

INTRODUCTION

On pourrait presque classer en deux grandes subdivisions les différents genres de dessins.

1° Ceux qui sont composés par traits, hachures ;

2° Ceux qui, au contraire, sont faits d'à-plats.

Parmi les premiers nous mettrions le dessin à la plume, eau-forte, etc., parmi les seconds, le lavis, le fusain. Dans ceux-ci c'est par teintes plus ou moins foncées qu'on obtient l'effet voulu, dans ceux-là c'est par lignes et hachures plus ou moins fines et rapprochées qu'on arrive à donner les valeurs.

Le second « genre », les dessins par à-plats, ont un avantage énorme sur les autres : la rapidité ; et ceci est à considérer, lorsqu'on veut surtout s'adonner au dessin d'après nature. Il est évident qu'en un coup de pinceau imbibé d'une teinte quelconque vous couvrirez une grande surface, tandis que s'il vous fallait couvrir cette même surface d'un ton identique (tout au moins de même valeur), avec une plume ou une pointe, vous y passeriez un temps sensiblement plus long. Or, ce que vous obtiendrez d'un trait de pinceau vous l'obtiendrez aussi bien de quelques traits de fusain et vous aurez en outre cet avantage énorme de pouvoir, d'un coup de pouce ou de chiffon, non seulement atténuer, mais encore enlever tout à fait une teinte « qui aurait cessé de plaire ! »

Pour quiconque essaie de créer, pour quiconque poursuit une idée, cherche un effet, le fusain est indispensable ; aucun ne rendra autant de services que le fusain pour les œuvres enlevées, rapides, à effets. Aussi allons-nous dans les pages qui suivent essayer de dire ses différents emplois et de donner les indications nécessaires à ceux qui n'en ayant jamais manié veulent en essayer.

LE FUSAIN

PREMIÈRE PARTIE

CHAPITRE PREMIER

AVANTAGES DU DESSIN AU FUSAIN

Le grand avantage du fusain est l'ampleur qu'il peut donner à la facture.

L'habitude de traiter par à-plats, par masses avant de revenir dans les détails, l'habitude aussi de se servir des doigts autant que du fusain ou de l'estompe, donne une tendance à traiter largement, à ne pas faire mesquin. On devine sous la coloration et le détail, la grande ligne, la simplicité de la nature; on voit les plans, on construit, on cherche le caractère du sujet.

En peu de temps le fusain devient le serviteur le plus fidèle « de l'emballement » du premier jet. Il sort des doigts, s'étale, couvre des espaces rapidement. On monte les valeurs, on enlève des clairs, on vivifie un trait, on écrase une tache, un accent. Il court avec la pensée, lui obéit, la seconde sans la ralentir. C'est un des plus puissants procédés. D'ailleurs c'est lui qui précède le tableau, l'œuvre faite, l'œuvre raisonnée, c'est avec lui qu'on cherche la composition, le mouvement, la masse, la vie d'une chose. C'est avec lui que devant la nature, on développe le caractère de ce qu'on a sous les yeux.

L'usage du fusain ne remonte guère plus loin que ce siècle. Allez au Louvre et voyez les dessins des maîtres.

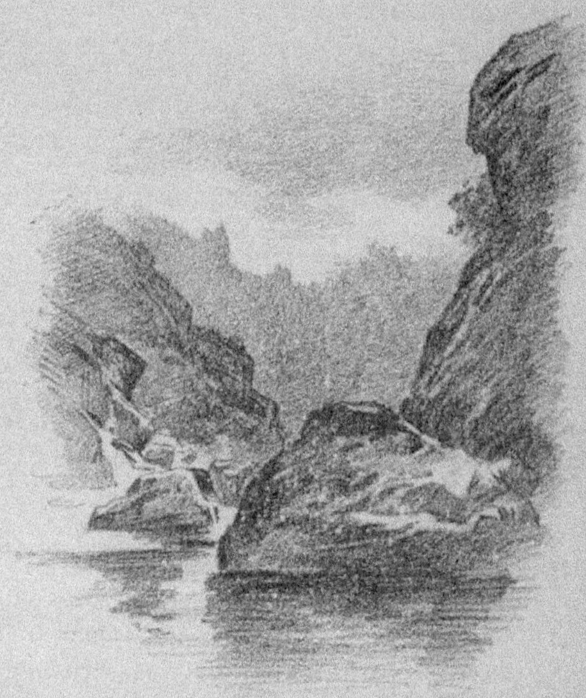

Aucun n'est traité par le fusain. D'ailleurs la fabrication ne date pas de très loin. Dès qu'il fut connu, on s'en servit pour l'esquisse. Quelques-uns y virent tant de ressources, qu'ils poussèrent son usage jusqu'à la recherche d'un dessin fait. Le succès du fusain était assuré : aussitôt les artistes l'employèrent et de la figure il passa au paysage. Rien en effet dans les procédés en noir ne peut donner comme le fusain l'impression des masses de feuilles percées par la lumière, des branches qui s'entre-croisent et des brindilles d'herbes. Rien ne peut rendre mieux que lui la douceur et la mollesse des ombrages nerveusement traversés par des troncs aux écorces brutales. Rien, enfin, ne peut donner comme lui l'impression de l'ombre et de la lumière, les vigueurs des premiers plans sur les gris délicats des fonds, rien ne peut parcourir avec autant d'aisance la gamme si variée des blancs et des noirs.

Quand on sait se servir du fusain on fait de la couleur. L'estompe devient un pinceau avec lequel on étale un ton, on détaille une forme, on fait jouer les accents. Aucun procédé n'est plus libre, plus souple, et surtout plus rapide.

Vous êtes à la campagne, vous vous promenez. Un effet vous plaît, il faut que vous le saisissiez rapidement parce qu'il est fugitif; vous écrasez votre fusain, vous l'étalez avec le pouce en enlevant les blancs avec la mie de pain, votre effet est gardé et à l'atelier vous retrouvez l'impression qui avait passé rapide sous vos yeux

Comme nous l'avons dit maintes fois, le procédé n'est qu'un obéissant serviteur de la pensée, de la sensation qu'on veut rendre et tout moyen est bon pour résumer une impression quand on possède la grande notion fondamentale de l'art, le dessin. Ce que nous voulons faire voir dans ce qui précède, ce n'est pas la supériorité absolue du fusain à l'exclusion de tout le reste (car avec un rien, accompagné de beaucoup de talent, on peut rendre quelque chose), mais ce sont surtout les avantages matériels que présente le fusain.

Aussi allons-nous donner quelques indications générales sur la marche à suivre, non des règles absolues, il n'y en a pas, puisque chacun peut avoir les siennes. La règle de toute manifestation n'est-elle pas l'idéal, et celui-ci n'est-il pas réalisé par la sincérité de ce qu'on exprime, presque par la naïveté, car c'est vraiment en voulant reproduire ce que la nature fournit, en aimant

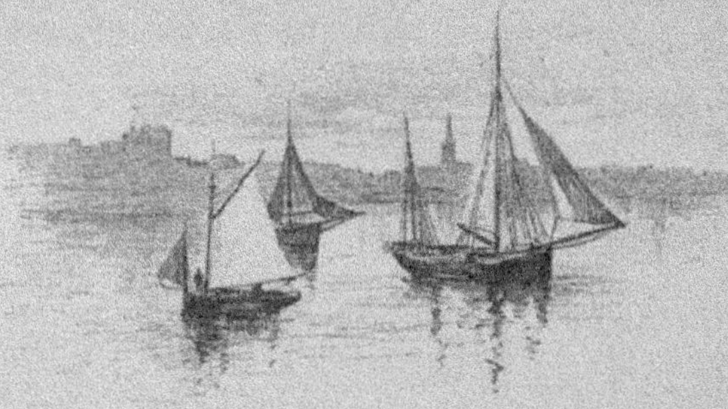

passionnément son art, en un mot en étant sincère, qu'on fait original.

CHAPITRE II

LES RAPPORTS DU FUSAIN ET DE LA PEINTURE

Pour être un véritable fusiniste, il faut presque être un peintre. Ceci semble un paradoxe, et cependant en y réfléchissant on devine facilement les rapports de l'un et de l'autre art. Malgré toute la différence qu'il y a entre la valeur et la couleur, l'une ne va pas sans l'autre, je dirais même que la première peut se passer de la seconde, tandis que celle-ci ne peut vivre sans la première. Il n'est pas besoin d'explication pour comprendre cela.

C'est précisément les valeurs que le fusain peut donner avec intensité. Voyez la différence avec la mine de plomb, ce maigre instrument avec lequel on obtient des effets souvent pauvres, en se donnant beaucoup de mal. Le fusain, au contraire, va vite et rend l'impression exacte qu'on a ressentie, il la peint. Il est monochrome, mais fait sentir les moindres détails de la lumière, les plus profondes vigueurs de la nuit, les reflets, les pénombres, tout ce que donne la lumière. Eh bien, la lumière n'est-elle pas de la couleur?

Notez bien que je ne veux pas à tout jamais vous « dégoûter » de la mine de plomb qui a sa très grande utilité, non seulement pour tracer les contours précis d'un dessin qu'on va exécuter par un autre procédé, mais encore pour prendre des croquis précis. Nous voulons dire seulement que pour obtenir des effets violents et vivement saisis, le fusain est prépondérant et laisse bien loin derrière lui toutes les mines de plomb du monde.

Avec un peu d'habitude on peut lire à travers les fautes d'un débutant dans l'art du fusain, ses plus ou moins de dispositions pour la couleur. Il est très rare qu'un homme qui possède le sens de « l'effet » ne soit pas un peintre. Faites donc du fusain, beaucoup, cherchez des esquisses, traduisez des effets de lumière, votre œil s'habituera à voir juste, vous ne vous fatiguerez pas dans l'exécution d'un procédé ennuyeux; il vous intéressera, vous passionnera en vous apprenant à voir clair, simple surtout. Je ne sais quel maître disait un jour à un débutant qui allait lui montrer des dessins d'académie, dans lesquels l'excès des demi-teintes tuait la lumière. « Il y a de l'ombre et de la lumière, mettez du blanc et du noir, et votre dessin est fait. » Ceci est l'exagération

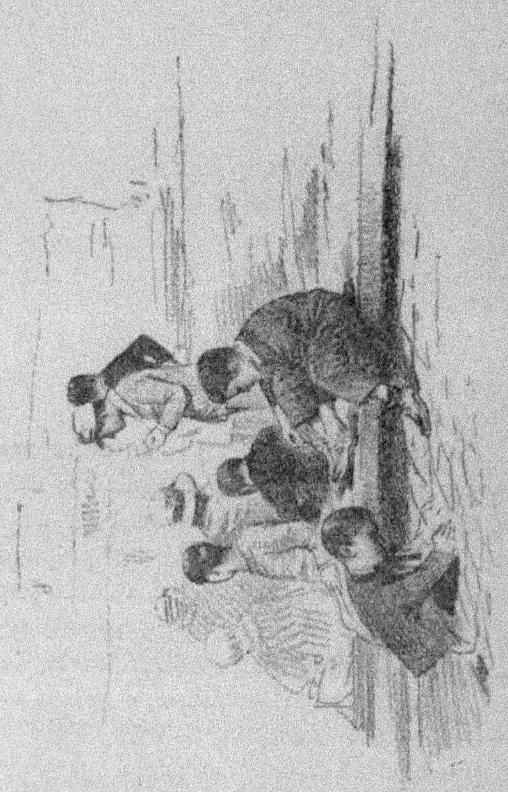

voulue pour faire bien comprendre : mettez du noir où il y a de l'ombre, laissez le papier blanc dans les parties éclairées, et vous êtes fusiniste.

CHAPITRE III

L'OUTILLAGE

Il est simple et peu dispendieux :

Du fusain, quelques porte-crayons pour l'emmancher si besoin est, du papier, des estompes, de la sauce, de la mie de pain, du fixatif et un fixateur.

Nous nous étendrons quelque peu sur le fusain et

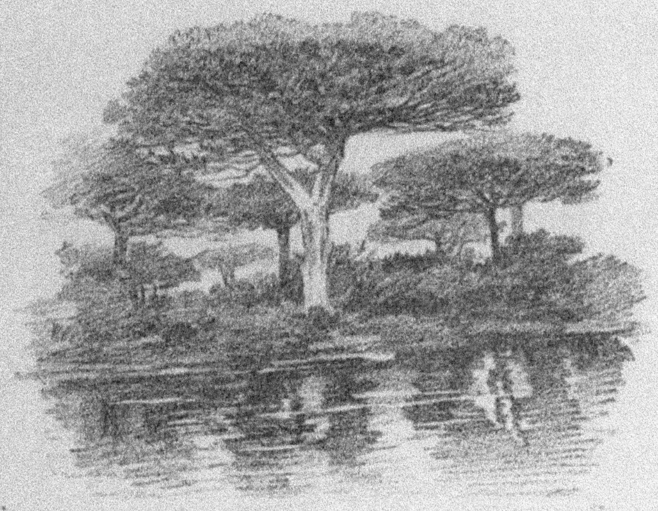

sur le papier, ces deux éléments principaux nécessitent quelques développements.

Avant cela, comme vous tenez sans doute à vous installer de suite, donnons quelques explications sur les ustensiles utiles qu'il va falloir vous procurer en plus. Je dis, à dessein, tout ce qui peut être *utile*, car tout n'est pas *indispensable* et vous simplifierez autant que vous voudrez. Ajoutons toutefois, que plus vous vous installerez commodément et plus vous travaillerez avec plaisir. Pour le fusain, comme pour tous les procédés quels qu'ils soient, il est indispensable d'adopter une méthode, non seulement méthode dans la façon de

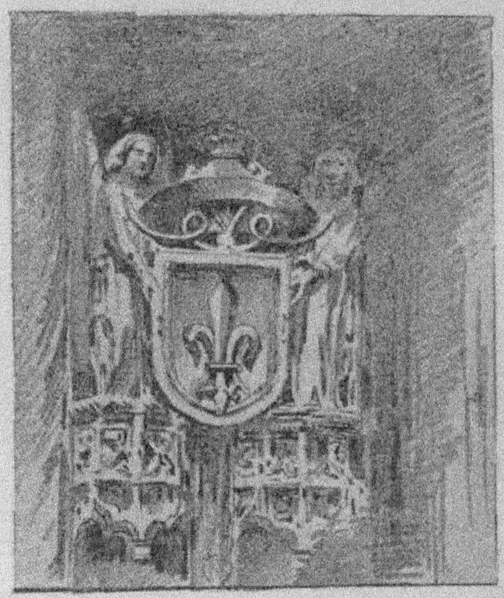

guider son travail, mais méthode dans la façon de ranger ses instruments.

Ne laissez point traîner des bouts de fusain sur tous les meubles, c'est sale d'abord et peu décoratif ensuite, n'éparpillez pas vos estompes aux quatre coins de votre atelier, ça n'est pas commode !... Cela ne vous empêchera peut-être pas d'avoir du talent, mais vous risquerez de ne jamais avoir sous la main l'outil dont vous aurez besoin. Tel est le cas d'un bon ami à moi, charmant garçon, mais désordonné compère ; quand on entre dans son atelier, on marche sur des bouts de fusain, on écrase des mies de pain, on est forcé de retrousser son pantalon pour ne pas patauger dans le bleu de Prusse ou le vermillon de Chine.

Installé devant son chevalet, il lui manque toujours quelque chose: « Bon! où ai-je fourré mon canif?... Sacrebleu, c'est assommant, je ne retrouve plus ma palette!... Quelle scie! où est mon pinceau à présent?... » Et la moitié de son temps se passe à fouiller tous les coins pour retrouver les égarés... quand il a remis la main sur l'un il a reperdu l'autre. Il jure, il tempête et pendant ce temps l'œuvre commencée reste en plan.

C'est très amusant d'assister à ces petites scènes intimes et je ris souvent de bon cœur en considérant les mines ahuries ou furieuses de mon étourdi, mais je prends modèle sur lui pour... faire tout le contraire.

Croyez-moi, ayez un peu d'ordre, vous vous en trouverez bien et, à cette condition seulement, vous pourrez utilement vous servir du matériel dont je vais vous donner la nomenclature.

§ 1.

Le matériel, l'outillage.

Les chevalets. — Je dis « les chevalets » car il vous faut celui d'atelier et celui de campagne. Ce dernier peut, au pis aller, servir à deux fins, être à la fois l'un et l'autre, mais seulement à la condition de ne faire que des œuvres de petite dimension et d'exécution rapide; pour les œuvres importantes, il est à tous égards préférable d'avoir chez soi un bon chevalet mécanique, d'un prix plus élevé que le vieux chevalet de nos pères, chevalet à trois pieds, mais beaucoup plus commode et plus solide. Le chevalet de campagne est un chevalet pliant, aisé à transporter; si vous ne comptez faire dans vos sorties, que de petites études, des croquis, vous pourrez vous en dispenser et

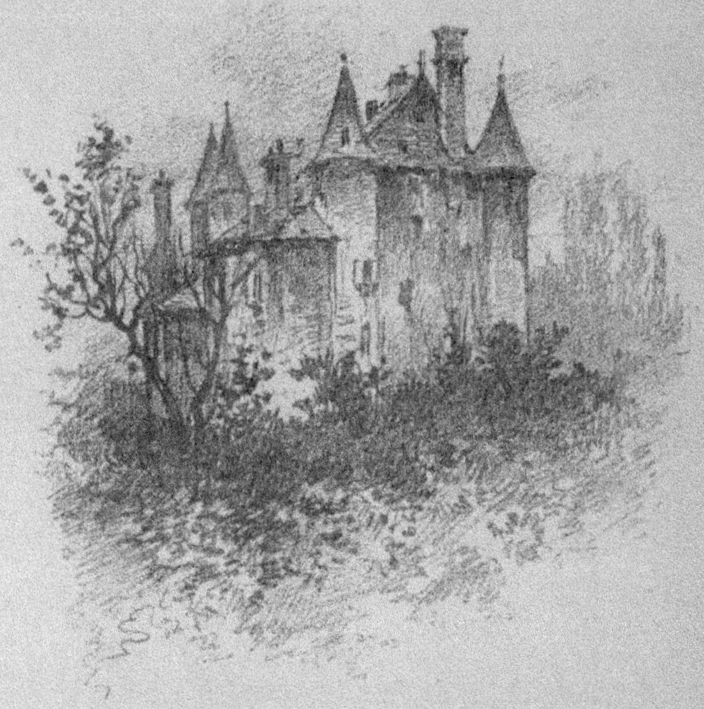

vous vous contenterez de poser sur vos genoux votre carton à dessin. Je dois dire toutefois, que pour le fusain qui demande une certaine ampleur de facture, le chevalet est préférable, il permet de voir mieux son effet et la position quasi verticale de la surface sur laquelle on dessine est supérieure à l'autre.

Je n'ai pas besoin de vous dire d'avoir un ou deux

sièges..., si vous travaillez debout, ce qui est une excellente méthode, ils serviront à vos visiteurs. Pour vos études à la campagne, il vous faudra, en tous cas, un pliant que vous choisirez comme vous l'entendrez, en X ou à trépied, je vous laisse le choix.

Pour tendre vos papiers, vous aurez des châssis de diverses grandeurs ou des stirators. Certains artistes se servent tout uniment de planches à dessin ou même de feuilles de carton, sur lesquelles ils tendent leur papier, mais je ne suis guère partisan de cette manière de faire, pour des œuvres un peu poussées, et je préfère de beaucoup le châssis et le stirator ; le papier bien tendu sur l'un ou sur l'autre prend de la souplesse et le travail est plus agréable. Pour travailler au dehors, nous le verrons par la suite, on peut procéder autrement pour gagner du temps d'abord et pour ne pas compliquer son bagage ensuite, mais, à l'atelier, vous avez toutes facilités pour agir autrement.

Les châssis. — Ayez-en deux ou trois de dimensions diverses en prévision des travaux que vous comptez faire par la suite. Ces châssis seront tout simplement faits, comme ceux des toiles à peindre, de quatre bandes de bois enclavées aux quatre angles (inutile d'avoir des châssis à clefs). La différence qui existera entre ces châssis et ceux des toiles à peindre résidera dans la traverse du milieu qu'il faudra toujours faire ajouter, mais sans l'enclaver dans les autres. Cette traverse devra être juxtaposée sur le châssis de façon à laisser un écartement entre elle et le papier.

Ceci est indispensable pour plusieurs raisons que voici : si la traverse médiane était au même niveau que les autres, non seulement elle gênerait lors de l'exécution du dessin, mais elle marquerait sur celui-ci ; le papier a beau être fortement tendu, il cède plus ou moins sous la pression de la main et cette pression marquerait les angles de la traverse en passant dessus. Là n'est pas la seule raison ; si cette traverse touchait l'envers du papier, elle ne laisserait pas lors du fixage du dessin, passer le fixatif. Enfin, troisième raison, elle servira de poignée pour prendre et manier le châssis lorsqu'on fixera l'œuvre.

Le stirator. — Il y a plusieurs systèmes de stirators.

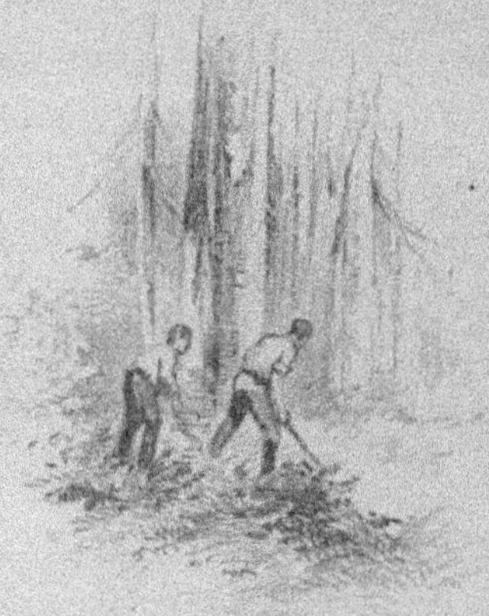

La base de chacun d'eux est la même, ils ne varient que par les détails. Le stirator se compose, en somme, de deux châssis s'enclavant l'un dans l'autre. Nous citons cet ustensile pour mémoire, mais nous n'en sommes pas très partisan.

Pour ma part, j'ai essayé de m'en servir, mais je l'ai abandonné parce qu'il m'a occasionné trop d'ennuis et m'a fait gâcher inutilement trop de papier; je préconise donc le système précédent : les châssis. Nous verrons plus loin comment on se sert des uns et des autres.

Les chevalets et les châssis forment en somme tout le matériel du fusiniste, le reste n'est plus qu'accessoires, mais accessoires indispensables et qui nécessitent quelques explications.

Estompes, tortillons. — Les estompes et les tortillons servent à étendre un ton, soit de la sauce de fusain, soit le fusain lui-même. Suivant le degré de pression, suivant aussi le plus ou moins de noir dont on charge cette estompe ou ce tortillon, on obtient un ton plus ou moins violent.

Il faut avoir une collection d'estompes de diverses grosseurs et de diverses formes. Les estompes en papier (qui se vendent toutes faites) sont celles qui servent le plus communément, estompes aux bouts pointus en forme de crayons taillés, vous y adjoindrez deux ou trois estompes pattes de lièvre, c'est-à-dire à bouts coupés en sifflet et fort commodes pour couvrir de teintes de grandes surfaces, puis quelques estompes en peau, nécessaires pour indiquer des nuances très douces que l'estompe en papier serait inapte à donner aussi moelleusement.

Quant aux tortillons, ils sont très maniables et d'un usage fort agréable pour des détails ou des teintes de peu d'étendue ; on peut fort bien les fabriquer soi-même avec du papier buvard ou du papier Joseph. Chacun en ceci agit un peu à sa guise et modifie ses ustensiles, se confectionne soi-même des outils tout spéciaux ; si ceux-ci aident à obtenir des effets cherchés, ils sont exquis et rien ne force à adopter les mêmes accessoires que le voisin. Tout est bon pour obtenir un rendu. L'ouate sert à certains artistes, des tampons de flanelle servent à d'autres ; d'autres encore trouvent que le doigt est une estompe naturelle de toute première qualité; servez-vous de celle-ci tout autant que des autres, que ce soit le pouce, l'index ou le médium, peu importe, pourvu qu'il obéisse à votre volonté et qu'il rende les touches voulues, mais, si vous adoptez ces « outils donnés par la nature », évitez de vous frotter la figure comme certains le font..., au bout d'un quart d'heure de « séance », vous

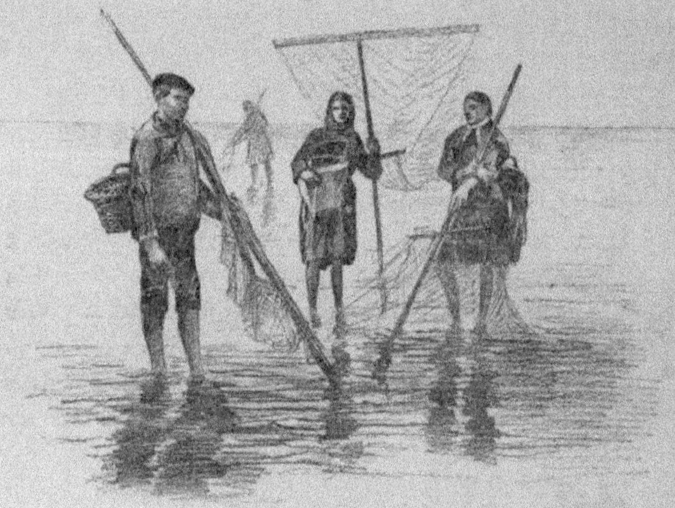

aurez beaucoup plus l'air d'un charbonnier ou d'un ramoneur que d'un artiste.

Quand il s'agit de passer sur son papier un ton général ou d'ajouter une valeur sur une autre valeur, l'emploi des doigts ou de la main est presque indispensable, aucune estompe ne rendra l'effet voulu aussi nettement.

Pour les tons brillants, vous aurez recours au chiffon ou à l'amadou, ou encore à des rognures de peau de gants dont il faudra toujours être muni.

Chiffons, etc. — Il est bon d'avoir avec soi des chiffons ; on en a besoin pour faire des tons unis; pour cela il faut prendre soin de conserver sur ce chiffon la même quantité de fusain en poudre, autrement l'espace à couvrir serait irrégulier ; toutes les superpositions du chiffon qu'on tamponne pour égaliser le ton seraient marquées sans cette précaution.

On se sert aussi du chiffon, et cela surtout quand on

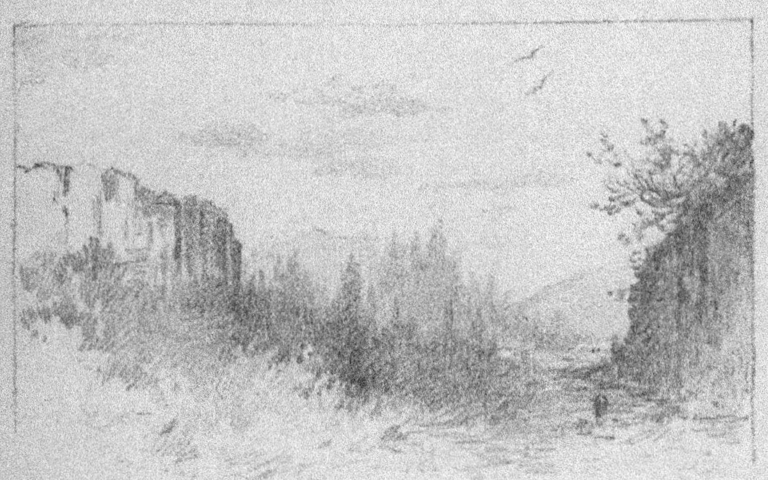

esquisse une figure pour atténuer son indication. Si l'on a un modèle devant les yeux, qu'on construise le dessin et qu'on cherche le mouvement, il est souvent nécessaire d'enlever ce qu'on a fait, en ayant soin, toutefois, de laisser le trait assez visible : on reprend dessus pour modeler la forme et chercher le détail.

Si vous avez appliqué une touche trop violente, pan ! une chiquenaude sur le papier et le trop-plein s'envole.

Nous avons parlé de la « sauce » ; si vous n'êtes point

du tout au courant de ce qu'est le travail du fusiniste, ce terme a évidemment dû vous intriguer et vous avez dû vous demander à quelle sauce le fusain pouvait bien s'accommoder?... Cette sauce est tout simplement du fusain pulvérisé qui pour les ciels, les fonds, etc., sera étalé à l'estompe ou au doigt de façon à produire rapidement et uniformément de grandes teintes.

La mie de pain est indispensable au fusiniste; elle

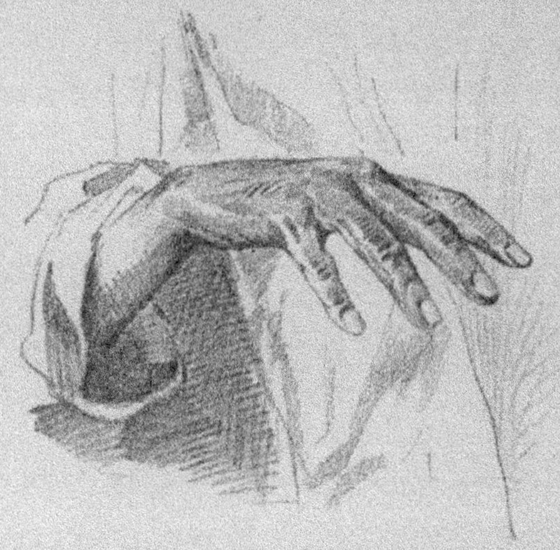

permet de donner les blancs vifs. On la roule entre les doigts en l'écrasant un peu de façon à former une pointe.

Pour mettre un accent, enlever des clairs, on frotte sans appesantir son pain sur le papier, d'un coup sec, et la lumière semble jaillir de la boulette.

Souvent une partie est trop foncée ; pour la rendre claire, on émiette un morceau de pain rassis, on met son dessin à plat et l'on frotte légèrement avec la paume de la main. Toutes les petites miettes roulent sur le fusain, prenant chacune un peu de sa poussière et éclaircissant le ton. Cette opération doit être soigneusement faite. Enfin quand on veut franchement enlever de grandes parties ou effacer tout à fait, on enlève comme avec une gomme.

Il ne faut jamais employer de pain frais : il graisserait le papier et le travail serait absolument impossible après, il faut prendre du pain de la veille; pas trop dur, car il déchirerait le papier. Pour conserver le pain dans l'état voulu, il suffit de le tasser dans une boîte de fer-blanc : on peut relativement en accumuler dans un petit espace une assez grande quantité ; le pain étant élastique peut être comprimé et pourra ainsi servir plusieurs jours de suite... précaution la plupart du temps inutile, car c'est bien le diable si dans vos pérégrinations vous ne trouvez pas à renouveler votre provision.

Un bon grattoir, un bon canif, sont deux instruments indispensables aussi.

Tous deux doivent être toujours bien affûtés et indemnes de toute ébréchure, il faut veiller à ce qu'ils soient bien appointés.

La forme du grattoir sera au choix de celui qui devra s'en servir, toutefois nous croyons préférable de prendre celui en forme de scalpel plutôt que celui en cœur; le premier permettra de plus grandes finesses et sera d'un maniement plus aisé.

Le grattoir joue un grand rôle dans le dessin au fusain, aussi faut-il s'habituer à le manier habilement. Pour obtenir des blancs un peu larges, la mie de pain roulée en boule ou aplatie entre le pouce et l'index feront parfaitement votre affaire, mais, pour des détails se détachant en clair, petites branches, feuillages, reflets dans les eaux, fleurettes venant piqueter leurs corolles blanches sur un terrain foncé, le grattoir vous est indispensable.

Il faut en jouer avec une grande légèreté, par exemple ; il ne s'agit pas d'écorcher le papier ni même d'en enlever la fleur ; il faut que seul le fusain disparaisse au frottement de la lame ; qu'il disparaisse entièrement pour laisser un blanc pur, ou en partie pour donner un

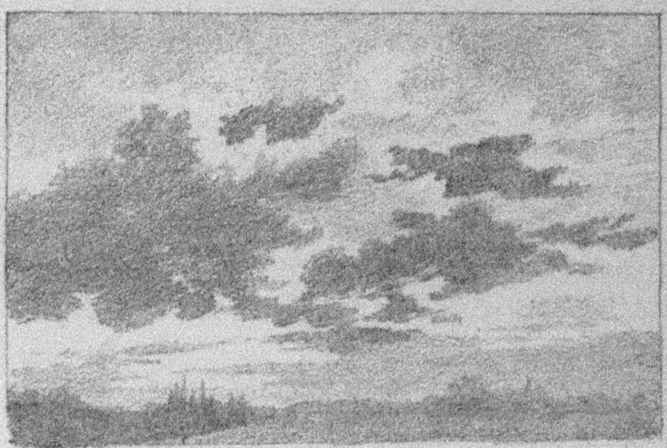

demi-ton. C'est de la souplesse, de la dextérité qu'il faut pour cette opération. Quand on a acquis l'une et l'autre, rien n'est amusant comme les enlevages de lumière, rien ne donne de lumières aussi piquantes, aussi pittoresques que celles ainsi obtenues. Il faut, en quelque sorte, savoir dessiner aussi aisément au grattoir qu'au fusain.

Si l'on a la main assez légère pour ne pas écorcher du tout son papier, lorsqu'on y passe le grattoir, on peut revenir à plusieurs reprises aux mêmes endroits.

Comme on n'est pas impeccable, on peut fort bien faire un enlevage qui diminue l'effet au lieu de l'accentuer, si votre papier est intact vous reboucherez au fusain ou à l'estompe la partie défectueuse et vous la gratterez à nouveau en la modifiant.

Quand on est habile on a plutôt tendance, l'outil manœuvrant vite et bien dans les doigts, à enlever plutôt trop de détails que pas assez, ce qui produit souvent un papillotement qui nuit à l'ensemble. Encore là vous pourrez corriger cet excès de détails en les recouvrant en partie.

Nous en avons assez dit, je pense, pour faire comprendre tout le parti à tirer du grattoir et tout l'intérêt qu'il y a à s'exercer à son maniement. Quant au canif il servira d'abord à tous les usages pour lesquels il a été créé, puis, dans le cas qui nous occupe, pour tailler les fusains et les crayons et suppléer au grattoir en s'en servant de même, mais pour obtenir des enlevés d'un aspect différent.

Il y a en effet ceci à remarquer : Prenez deux outils à lames pareilles, mais emmanchés de façons différentes, cette différence entre les emmanchements vous forcera, évidemment, à tenir l'un autrement que l'autre. Le mouvement des doigts leur donnera forcément à chacun une impulsion autre et cela suffira pour varier votre travail. Je ne crois pas que je sois fait autrement que les autres, eh bien! j'ai souvent éprouvé l'équivalent de ce que je viens de dire dans bien des cas. J'ai même fait des essais à cet égard : prenant un outil dont j'avais l'habitude de me servir (mettons un grattoir, puisque c'est du grattoir qu'il s'agit), je dessinais en clair une branche sur un fond accentué, puis, prenant un outil similaire mais autrement construit je dessinais la même branche. Eh bien! cette branche pareille de formes générales ne l'était point du tout dans ses détails, très variés de facture.

Or la variété dans l'exécution d'une œuvre est, à mon avis, un point capital. Tel dessin aura beau être bien exécuté, bien mis en place et bien à l'effet, il vous laissera plutôt froid s'il n'y a pas un certain caprice

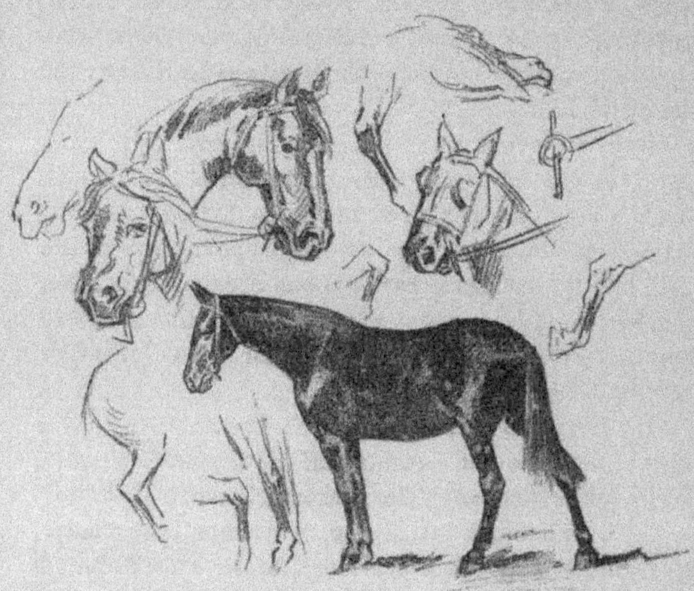

d'exécution, si les fonds bien à leurs valeurs sont traités comme les premiers plans, etc. Tandis que si vous cherchez à modifier votre facture suivant les effets cherchés et suivant les motifs reproduits, votre œuvre vibrera, sera intéressante à voir.

Aussi suis-je d'avis qu'il faut chercher le plus possible les moyens de s'écarter du convenu, du monotone, quand on a une nature d'artiste. Je sais bien que suivant les cas on change sa façon de faire, mais vous m'avouerez que se forcer un peu, par des moyens à côté, à varier sa manière de faire ne peut être qu'une bonne chose.

Paradoxal, ce que je viens de dire ?... Point du tout. Essayez, du reste, et je ne doute pas que vous soyez bientôt de mon avis.

Pardon de la digression, mais elle m'a semblé d'une certaine utilité.

Je vous ai indiqué les outils nécessaires à l'exécution du fusain ; il vous faut à présent de quoi le rendre durable, opération complémentaire très utile, car le fusain, si commode à manier, si propre à produire des œuvres charmantes, n'est guère stable et il faut le forcer, par un moyen factice, à se maintenir sur la feuille où vous l'avez appliqué ; ce moyen c'est le fixage.

§ 2.

Le fixage.

Le *fixatif*. — Le *fixateur*. — Le fixage d'un dessin est une opération grave, en ce sens que, mal faite, elle peut en un instant compromettre une œuvre qu'il a fallu plusieurs jours à parfaire. Nous disons grave mais non difficile ; il faut seulement y apporter de grands soins et une grande attention.

Il est plusieurs manières de fixer un fusain, nous allons les expliquer, nous dirons ensuite laquelle nous semble préférable.

Le fixage direct consiste à vaporiser le fixatif sur toute la surface d'un dessin ; si l'on veut que le fusain adhère solidement il faut plusieurs fois recommencer l'opération, en attendant toutefois qu'une couche soit sèche avant d'en appliquer une autre, ce qui ne tarde pas, du reste, car les fixatifs étant à base d'alcool,

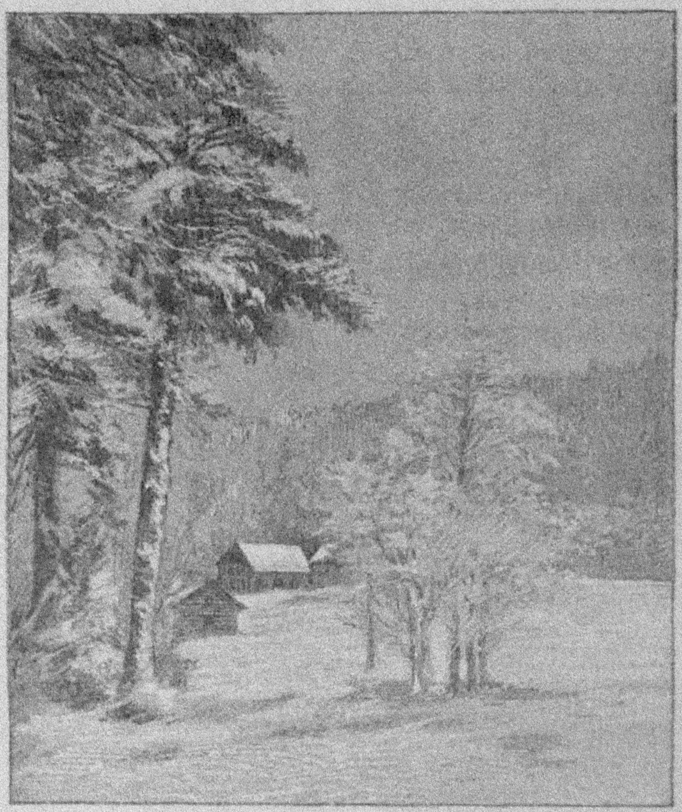

celui-ci s'évapore en quelques instants. — Pour vaporiser le liquide on se sert d'un fixateur soit à bouche, soit à soufflerie continue comme ceux qu'on emploie en médecine. Le premier est parfait pour des petits dessins, mais n'est pas très pratique pour des œuvres de dimensions importantes et ce pour deux motifs : d'abord il est fatigant à employer, il faut en effet souffler assez fortement, presque sans discontinuer, pour couvrir uniformément toute la surface de l'œuvre... pour peu que celle-ci soit grande on est vite à bout de souffle ; ensuite l'uniformité dans le fixage est assez difficile à obtenir ; vous ne pouvez garantir que vous soufflerez de façon régulière et qu'à un moment donné vous n'enverrez pas une forte bouffée de fixatif sur une partie du dessin, cette bouffée fera tache, auréolera votre papier : conclusion, une œuvre abîmée. — Le *fixateur à bouche* est tout uniment composé de deux tubes d'inégales longueurs se repliant à angle droit. — Le tube le plus long est plongé dans le liquide, l'autre placé dans la bouche sert à lancer en poussière le liquide qui s'échappe de l'extrémité du tube le plus long, là où il forme avec lui un point d'intersection.

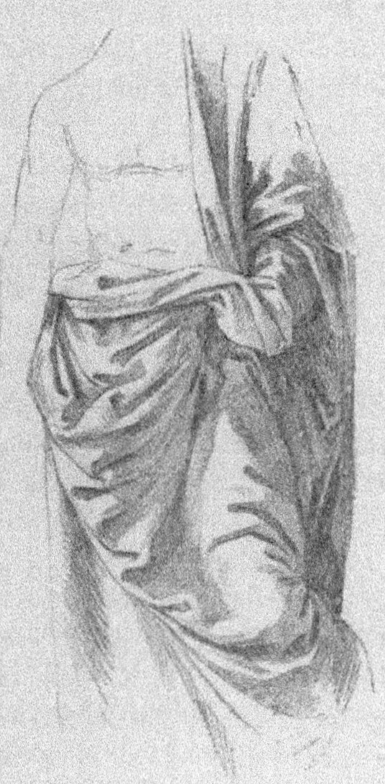

Le *fixateur à poires de caoutchouc* est d'un prix plus élevé que le précédent, mais d'un usage beaucoup plus commode et surtout moins fatigant. Le soufflage est produit par la pression dans la main d'une des poires en caoutchouc ; si l'on fait sans discontinuer cette pression, la vaporisation s'opère, elle aussi, sans discontinuation et se produit d'une façon régulière. Il n'y a donc pas à craindre les accidents que je signalais pour l'autre.

Lorsqu'on fixe un fusain directement (j'appelle directement sur le côté dessiné) il faut tenir le fixateur à une distance suffisante pour que le liquide qui s'en échappe s'y étale en pluie fine, en poussière liquide ; si l'on se mettait trop près c'est par gouttes que le fixatif se poserait sur le dessin ; cela ferait tache tout en fixant très irrégulièrement.

Voilà deux façons de procéder, en voici une troisième plus simple : Etendez tout simplement votre fixatif *sur l'envers* de votre fusain.

Voyons maintenant de ces méthodes laquelle est préférable ou plutôt dans quel cas chacune d'elles doit être employée. Disons d'abord que le fusain ne se fixe jamais de façon indélébile, ou tout au moins ne peut-il se fixer solidement qu'au détriment de sa qualité. — L'excès de fixage retire en effet le velouté ; cette sorte de poussière qui subsiste sur chaque trait et qui, en somme en est tout le charme. — Il ne faut donc chercher à fixer solidement que des dessins documentaires, des études qu'on désire conserver dans ses cartons, mais non des œuvres faites au même point de vue qu'un tableau.

Dans le premier cas la question « utilité » doit prévaloir, dans le second c'est l' « effet » le « rendu » qu'il faut considérer avant tout.

Il faudra donc alors, se contenter d'un fixage « relatif » et employer le dernier des modes que nous venons de citer : le fixage sur l'envers du dessin ; encore faut-il, pour qu'il réussisse à attacher le fusain au papier, que ce papier ne soit que peu ou pas « encollé ».

On appelle *papier encollé* celui qui, ayant subi une préparation préalable, peut supporter l'application de liquides, d'encre, de couleur, sans se laisser traverser par ceux-ci ou sans que ceux-ci s'emboivent.

Les papiers *sans colle* sont ceux qui se trouvent dans le cas contraire ; n'ayant point subi d'encollage, ils sont friands de liquides, ceux-ci pénètrent dans leur pâte en s'étalant ; type : le papier buvard. — Or, il est aisé à comprendre que, si votre papier est encollé, il ne laissera pas plus pénétrer dans ses pores votre fixatif que tout autre liquide, et que par conséquent, vous aurez beau arroser à flots l'envers de votre dessin, cela fera absolument comme si vous chantiez.

Ceci dit assez que, pour toute œuvre à laquelle on attache du prix, il faut choisir un papier peu ou point encollé qui permette au fixatif de le traverser assez pour pénétrer jusqu'au fusain et le faire adhérer.

D'autres conditions sont nécessaires encore pour le papier destiné au fusain ; nous allons les développer ci-dessous ; si nous avons ici dit quelques mots quant à l'*encollage* du papier, c'est parce que de lui dépend le plus ou moins de raison d'être du fixage indirect.

Le fixage au vaporisateur à bouche est, nous l'avons dit, parfait pour les œuvres de petites dimensions.

Le fixateur à poires servira lorsqu'on se trouvera en présence d'un papier trop encollé, ou pour fixer des fusains exécutés sur d'autres matières, toile, soie, etc.

§ 3.

Le papier.

Nous venons de dire quelques mots au sujet du

papier, disons à présent les qualités que doit posséder le papier propre au dessin au fusain; nous verrons ensuite quelles sont celles que doit avoir le fusain,

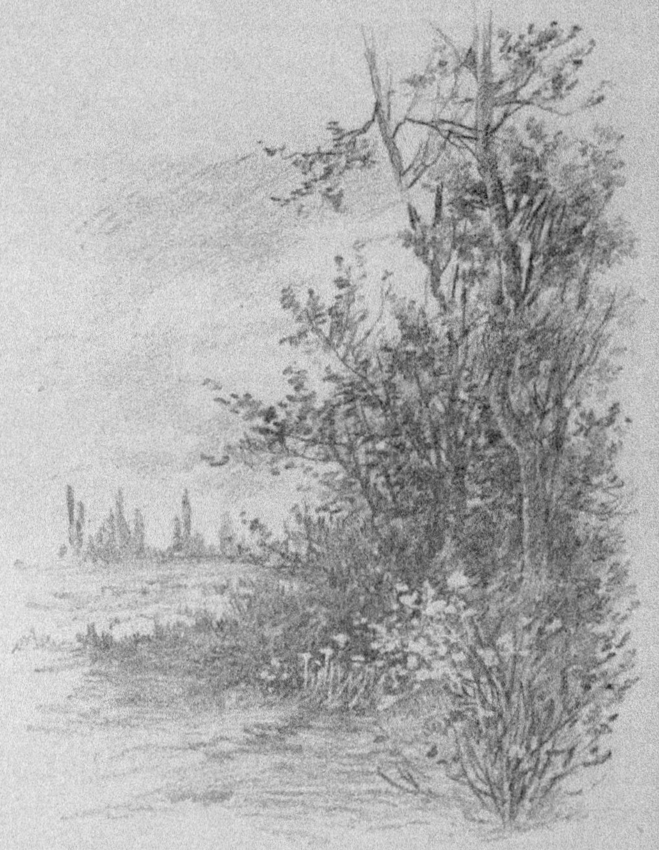

puis enfin nous passerons en revue les moyens d'exécution et les diverses applications du procédé.

Les papiers. — Il faut, pour le fusain, un papier rugueux; le papier uni, le bristol, par exemple, serait tout à fait impropre, le fusain glisserait sans marquer, on n'obtiendrait aucun effet, et, en admettant même qu'à force de « fusiner », vous arriviez à rendre un ton, ce ton ne tiendrait pas. Il faut donc rejeter tout papier qui n'aurait pas de grain, qui ne présenterait pas à sa surface des aspérités qui accrocheront le noir au passage et qui laisseront les tons transparents, qualité également impossible à obtenir sur un papier glacé.

Au reste, voulez-vous savoir ce qu'un maître du fusain dit, au sujet du papier? lisez ceci que j'emprunte à votre intention dans le traité qu'il a publié : « Le papier s'il a un certain grain, une rugosité semblable à celle du papier vergé, accroche les parties friables du fusain et, quel que soit le sujet qu'on veuille traiter, on fera bien, après avoir taillé son fusain, de passer en tous sens un ton général qui donnera déjà un commencement de valeur pour n'avoir pas à travailler ensuite sur une surface blanche, mais bien sur un fond préalablement établi. Cette valeur pourra se modifier suivant les différents plans du sujet. »

Mais ceci rentre plutôt dans l'exécution du dessin que dans le sujet qui nous occupe, le choix du papier. Je reprends donc plus loin à la même source ceci : « Ce qui me force à condamner des papiers qui auraient un grain trop fort ou des divisions régulières, c'est que je trouve qu'il est absolument nécessaire, pour les fonds, de pouvoir écraser le ton afin de le rendre plus fin à cause de son plan, quelque vigoureux qu'il soit comme ton ; de même pour les eaux, alors si le grain du papier donne dans les fonds le même travail qu'au premier plan, il vous force à laisser dans votre travail des aspérités blanches pour toutes les lumières, si différentes entre elles ; vous n'aurez plus ni plans, ni valeurs, car ce grain blanc rendra aussi bien le jaune que le vert, le ton sourd que le ton brillant, nous tombons dans le procédé et le côté pictural disparaît (1). »

Ce que nous venons de citer prouve assez combien il est nécessaire de choisir avec soin son papier. La plupart du temps, les études au fusain qu'on fait

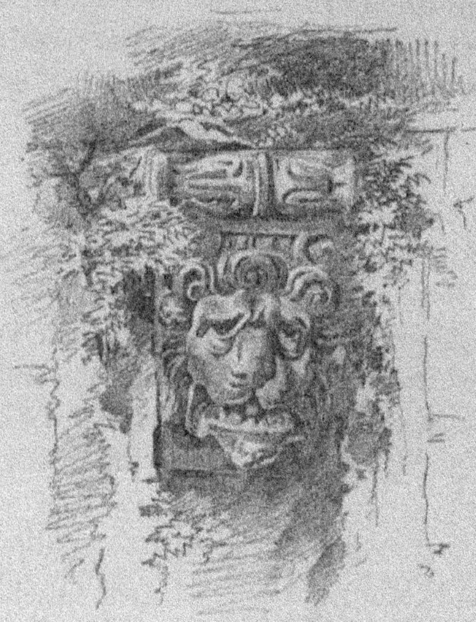

dans les écoles ou dans les cours de dessin, d'après le modèle vivant, sont exécutés sur papier Ingres. Cela n'a qu'une importance secondaire, parce que ce n'est pas le procédé que vous cherchez à apprendre, mais le sentiment du dessin, de la forme que vous essayez d'acquérir. Que vous appreniez à dessiner en vous servant du fusain, de la plume, du crayon ou du pinceau, peu importe, pourvu que vous

(1) *Le Fusain*, par Allongé. — Voir aussi *Le Fusain sans Maître*, par Karl Robert.

rendiez bien les formes et les valeurs, le but sera rempli ; mais lorsqu'il s'agira pour vous de faire une œuvre, de chercher à rendre un effet, un ensemble, avec toutes ses gradations de tons, il faudra choisir un papier rugueux toujours, mais dont la rugosité sera formée de grains plutôt que de lignes comme le papier Ingres et comme tous les papiers vergés. Votre fusain en passant sur le vergé sera tout naturellement retenu sur les parties en relief, et ne pénétrera pas dans les parties creuses (ce qui donnerait de la lourdeur du reste), vous aurez alors un dessin strié, sur toute sa surface, de lignes horizontales, verticales ou obliques, suivant le sens dans lequel vous aurez placé votre feuille. Je sais bien que certains artistes préconisent le papier vergé, ils ont sans doute pour cela des raisons excellentes que je ne connais pas, mais je viens de vous donner celles non moins excellentes pour lesquelles je suis d'un avis diamétralement opposé.

Donc, c'est convenu, pour faire au fusain une œuvre agréable à voir, prenez du papier à grain ; ce grain vous le choisirez plus ou moins gros, plus ou moins « relevé », comme on dit en style lithographique. Ceci dépend absolument de vos goûts d'abord, et ensuite de la finesse du sujet que vous voulez traiter, comme aussi de la facture plus ou moins large qui vous est propre. Je déconseille aussi le papier trop blanc ; le papier légèrement bis rosé ou bleuté est préférable.

Maintenant, donnons les divers moyens de tendre la feuille pour la « fusiner » aisément.

Quand il s'agit de travailler à l'atelier, on peut s'offrir tout le confort désirable, avoir sous la main, stirator, planches à dessins, cartons, chevalets, mille autres choses encore ; mais quand on veut s'en aller par monts et par vaux, par la ville ou à travers la campagne pour glaner quelque sujet intéressant, ou surprendre quelque effet curieux, on ne peut évidemment pas emporter un bagage aussi considérable, à moins d'avoir un crochet sur le dos, ou un commissionnaire comme garde du corps. L'un serait peu artistique, nullement distingué, l'autre serait dispendieux et

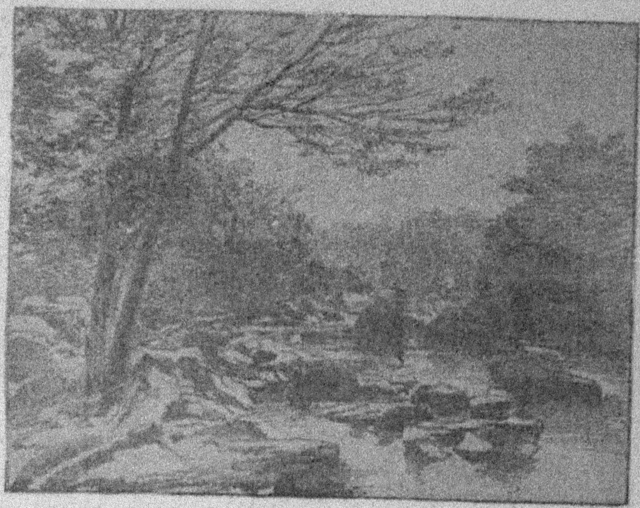

d'un commerce peu agréable... Je vous indique néanmoins les deux recettes, dans le cas où l'une des deux vous agréerait, mais je dois avouer que, pour ma part, j'évite l'un et l'autre, et que je m'en tiens tout bonnement à celle qui consiste à réduire mon bagage à sa plus simple expression.

J'aurais dû dire à « ses plus simples expressions », car voyez à quel point je suis ingénieux, j'ai plusieurs moyens, j'ajouterai, pour être franc du reste, que je ne suis l'inventeur d'aucun d'eux. Premier moyen : il

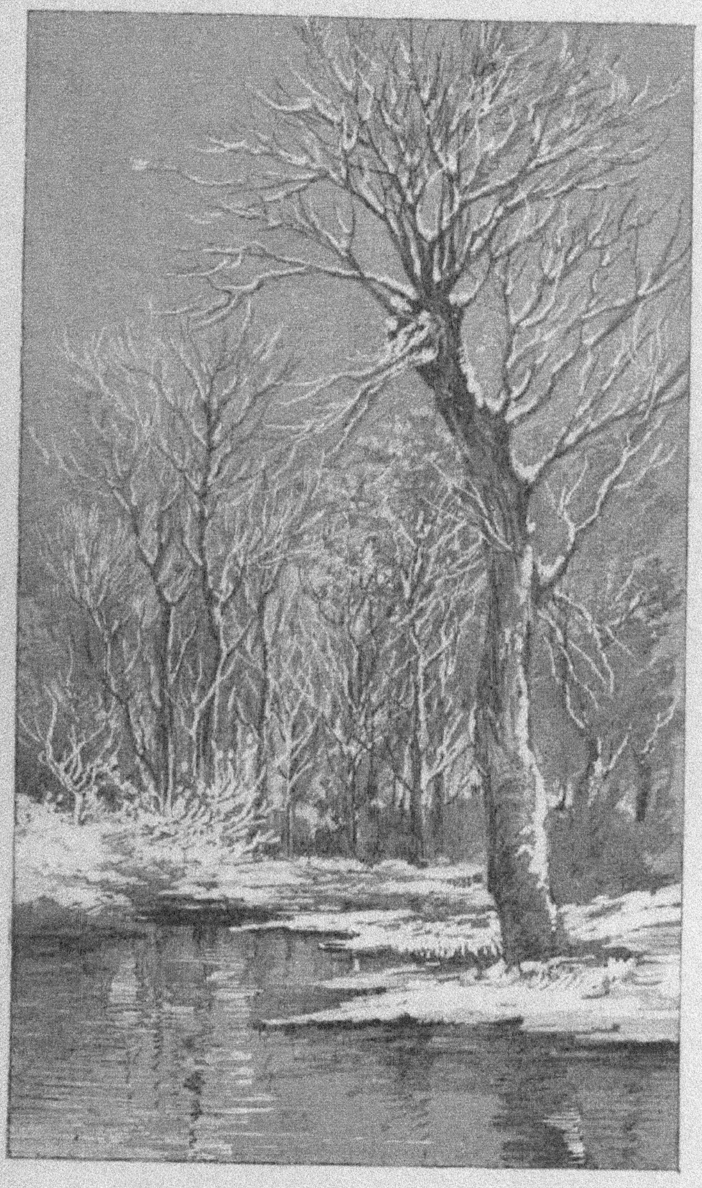

consiste à glisser tout uniment quelques feuilles de papier dans un carton à dessin, à avoir par devers soi quelques punaises et à s'en servir pour piquer aux quatre coins du papier, la feuille sur le carton, c'est simple et facile à faire, même en voyage. Tout aussi simples, du reste, sont les deux autres moyens : faites faire un châssis en bois excessivement mince et léger, un centimètre d'épaisseur sur un et demi de largeur. Ce châssis sera de la grandeur de votre carton à dessin dans lequel il sera fixé sur l'intérieur du dos, au moyen d'une bandelette de toile; absolument comme une page à onglet dans un livre, et manœuvrant comme elle; vous glisserez derrière ce châssis une feuille de papier qui sera naturellement maintenue par lui sur le côté du carton où elle sera apposée, vous aurez ainsi votre papier encadré et vous travaillerez fort à l'aise. Enfin le dernier moyen est tout simplement de se faire faire un « bloc » pareil à ceux dont on se sert pour l'aquarelle, mais confectionné avec le papier propre au fusain que vous choisirez vous-même. Cette dernière méthode est peut-être la meilleure, car elle a l'avantage de vous donner toujours le papier bien tendu, ce qui est fort agréable pour travailler, car rien n'est gênant comme d'avoir une feuille se gondolant ou se soulevant au moindre souffle, et dame... quand on travaille en plein air, on risque fort de ne pas être à l'abri de ces « souffles » souvent intempestifs.

Ce que nous venons de dire s'applique aux travaux faits à la campagne, tout au moins en dehors de l'atelier.

Voyons maintenant comment il faut procéder pour le papier lorsque c'est chez soi, par conséquent à l'aise, qu'on travaille.

Dans la nomenclature que nous avons donnée plus haut, nous avons parlé de châssis et de stirators. C'est grâce à l'un ou l'autre que vous allez tendre bien uniformément votre feuille de façon à ce qu'elle présente une surface rigide, quoique souple.

Coupez votre papier de quelques centimètres (5 ou 6) plus grand en tous sens que votre châssis; étendez-le bien à plat sur une planche à dessin ou sur une table dont la surface sera absolument propre, car c'est le côté « à dessiner » qui sera placé contre l'une ou l'autre. A l'aide d'une éponge très douce ou d'un pinceau plat, large, bien humecté d'eau, mouillez régulièrement l'envers de votre papier, puis, sans attendre qu'il sèche et aussitôt le mouillage fait, posez à plat votre châssis, retroussez un des bords du papier dépassant et fixez-le à l'aide de punaises ou clous de tapissiers (petites pointes noires, nommées semences), n'enfoncez pas vos pointes à fond et n'en mettez d'abord qu'une à chaque extrémité, une au centre. Faites la même chose pour le bord face à celui que vous venez de fixer et agissez de même pour les deux autres côtés; ajoutez alors des pointes entre celles déjà mises, autant que vous le jugerez nécessaire, puis laissez sécher. Il faut tirer le papier à soi de façon à le tendre le mieux possible, mais sans trop d'efforts pourtant, car, humide surtout, il se déchirerait aisément. L'humidité en s'évaporant peu à peu, resserrera les pores du papier et celui-ci se tendra comme un tambour.

Un autre moyen de tension que je trouve préférable encore, car on ne risque pas les déchirures, est celui qui consiste à procéder par « collage » plutôt que par « appointage ». Il faudra en ce cas, et toujours pendant que le papier est mouillé, fixer celui-ci sur l'envers du châssis au moyen de gomme arabique épaisse ou de coléine. Comme les bords du papier Ingres sont déchiquetés, il est bon, pour plus de facilité, de les couper bien droit avec une règle, autrement la feuille risquerait d'être boursouflée par endroits. L'œuvre terminée et fixée, on coupera son papier sur les bords si l'on veut le détacher du châssis, et quant aux rognures qui resteront collées elles seront facilement enlevables en les détrempant avec de l'eau.

Voilà pour le tendage sur châssis, qui est de beaucoup préférable, à mon avis tout au moins, à celui du tendage par le stirator. Celui-ci consiste, une fois

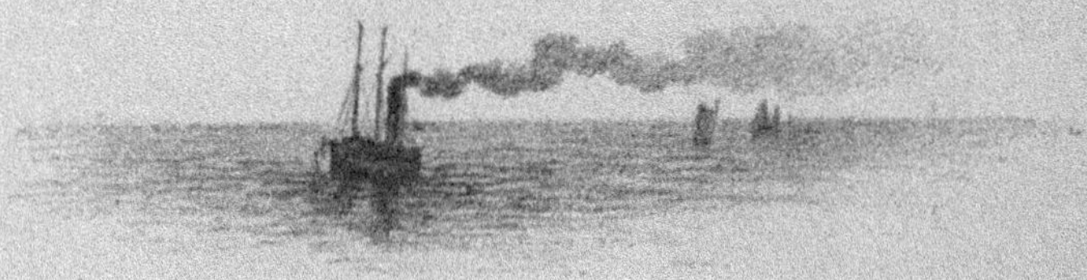

qu'on a mouillé son papier, à poser dessus le châssis le plus petit, puis à le glisser solidement dans le châssis extérieur (le plus grand) qui forme pression tout autour et enserre les bords du papier entre les coulisseaux. Si l'on obtenait toujours un bon tendage, il est évident que le stirator (surtout pour les travaux en plein air) serait de beaucoup préférable au tendage sur châssis, il serait plus rapide et plus aisé, mais malheureusement, il se produit dix fois sur dix des gondolements, surtout vers les angles; ceci est facile à comprendre, sur les côtés vous n'avez qu'une épaisseur de papier, aux angles vous en avez deux; le serrage n'est donc pas uniforme et il se produit des boursouflures qui rayonnent vers le centre et rendent votre feuille impropre au travail. Tout est à recommencer et souvent plusieurs fois, ce qui fait que, loin de vous faire gagner du temps, le stirator vous en fait perdre. Il est une autre raison qui empêche le stirator d'être pratique : A force d'insérer entre les châssis du papier humide, le bois finit par jouer, les châssis ne sont plus d'équerre et s'emboîtent imparfaitement.

§ 4.

Le fusain.

Il y a plusieurs marques de fusain. Beaucoup d'entre elles sont bonnes; pour qu'un fusain soit dans les conditions voulues, voici les qualités qu'il doit avoir : être bien noir, souple, glissant bien sur le papier, et dépourvu de parties dures qui écorchent le papier. Il faut avoir plusieurs numéros de fusain : dur, demi-dur, tendre sans être mou, car il s'écraserait sous la moindre pression, les molécules s'étaleraient et, salissant le papier, empêcheraient de tracer des traits nets et purs; avec le fusain trop mou, on produirait ce qu'en terme de métier on appelle le « charbonnage ». Ne pas confondre le charbonnage avec l'application d'une valeur bien nourrie. A ceux qui commencent, nous conseillons tout d'abord l'emploi du fusain dur; avec celui-ci, l'indication est toujours plus nette, puis, lorsqu'on débute, on est enclin à effacer plusieurs fois un trait avant de s'arrêter au tracé définitif; or, il est plus commode d'effacer un trait léger qu'une ligne accentuée au fusain tendre qui, sous le chiffon, se réduit en une poussière qui va se nicher, en le maculant, dans les interstices du papier. Pour commencer, je vous engage donc à vous servir du fusain vénitien ou du fusain marqué R. G. M. (1). Avec l'un ou l'autre, vous obtiendrez tous les effets désirables, les gris les plus doux, les noirs les plus intenses. Il est bon d'avoir aussi du fusain mince appelé « mignonnette » ; il est plus résistant et très noir, et sera d'une très grande utilité pour les indications fines, soit dans la figure, soit dans le paysage ; pour faire opposition au précédent,

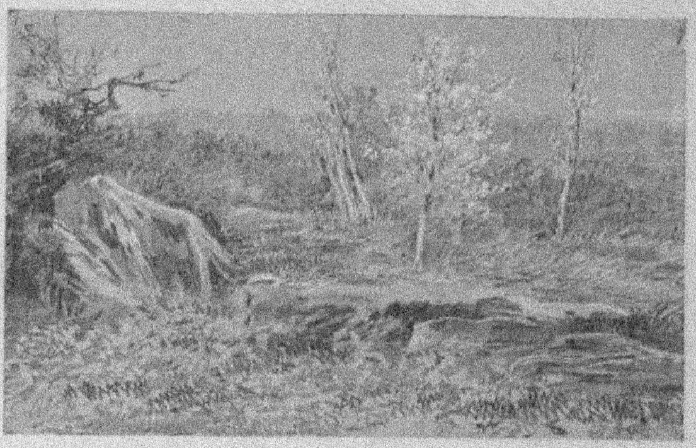

vous vous munirez également de quelques fusains « manche à balai ». Ceux-ci, d'une grosseur respectable (2 à 3 centimètres de diamètre), seront d'un grand secours quand on voudra, sur une grande surface, étaler des teintes unies. Contrairement à ses congénères que vous taillerez en pointe, vous taillerez celui-ci en biseau, de façon à ce que, posé à plat, vous puissiez à larges coups l'étaler.

L'emploi du fusain n'a pas de règles fixes, et chacun en use un peu à sa guise ; les uns le taillent très fine-

(1) Ce fusain est recommandé par M. Karl Robert.

ment, d'autres le cassent, trouvant que les angles et les aspérités produites par la cassure sont parfaites pour lancer des traits ou poser des touches; celui-ci aime à sentir dans la main un fusain tout entier, celui-là, au contraire, préfère les petits morceaux tenus entre le pouce et l'index; un troisième ne travaillera à l'aise que si son fusain est emmanché dans un porte-crayon. Tout ceci est affaire de goût, et tout moyen est bon quand le résultat est satisfaisant.

DEUXIÈME PARTIE

CHAPITRE IV

LA FIGURE D'APRÈS NATURE

Si vous voulez vous adonner au dessin de figures, il faut vous astreindre tout d'abord à faire maintes études d'après nature ; vous n'arriverez à dessiner qu'à ce prix-là. Rassurez-vous, du reste, cela n'a rien d'ennuyeux, bien au contraire, et l'étude d'après le modèle est des plus attachantes. Nous ne nous adressons pas ici, bien entendu, à ceux qui, n'ayant jamais tenu un crayon ou fait œuvre de leurs dix doigts, en tant que dessin, désirent s'essayer ; ceux-là auraient tort de vouloir tout de go se poster devant le modèle ; ils ne feraient évidemment rien de bon, seraient déroutés au second coup de fusain, si ce n'est au premier, et enverraient au diable le modèle, le papier et tout le reste. Il faut procéder méthodiquement, et commencer d'abord par dessiner quelques plâtres, quelques objets usuels, en s'exerçant à en trouver les formes et les proportions exactes, à en rendre par des noirs et des blancs les valeurs diverses. Nous allongerions trop la présente brochure en nous appesantissant sur la façon de commencer ses études de dessin lorsqu'on ne sait rien de rien ; nous avons nous-même traité ailleurs de ces premiers débuts ; d'autres l'ont fait avant nous avec plus de talent et plus d'autorité.

Nous écartons-nous de notre programme en parlant un peu longuement « dessin » ? Nullement. Il s'agit ici du fusain ; or, c'est le fusain qui est évidemment le procédé le plus commode, le plus pratique pour l'étude d'après nature. Tout en apprenant à « dessiner », vous apprendrez aussi forcément à « fusiner », et quand vous voudrez faire une œuvre autre qu'une étude, le procédé ne vous gênera plus.

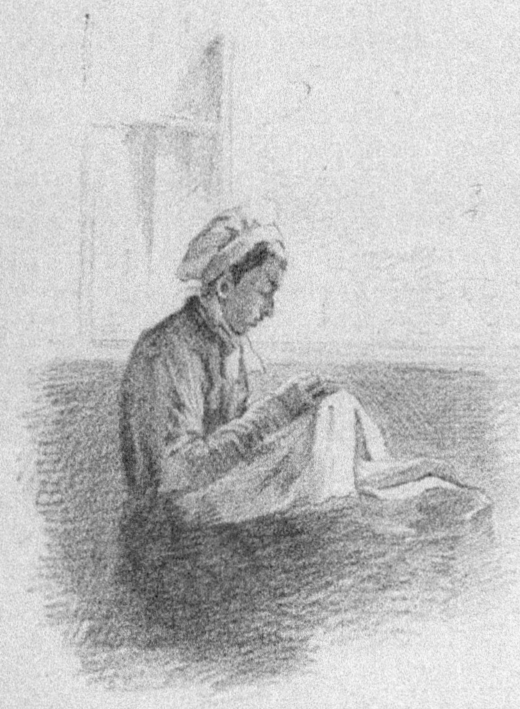

A ceux qui veulent dessiner d'après le modèle, nous

conseillons fortement d'aller dans une des nombreuses salles de dessin où, le matin, l'après-midi, le soir, ils trouveront à peu de frais des modèles toute l'année, à moins que leurs moyens ne leur permettent de s'offrir pour eux seuls le luxe d'un modèle, et celui d'un maître venant les corriger.

Rien n'est amusant à voir comme un atelier d'élèves qui apprennent à dessiner. Le modèle, dont les pieds sont à la hauteur de l'œil, est placé au milieu de la pièce sur une table et se tient dans une pose plus ou moins banale. Les élèves l'entourent, les uns ayant leur carton sur le chevalet, les autres sur une chaise (cela affaire d'habitude et de commodité), attentifs au mouvement du modèle, l'œil fixe « sur la forme », ils tendent les bras au bout duquel pend le fil à plomb, comme des rayons d'une roue dont le centre est la table à modèle : les uns prennent les aplombs, d'autres un œil fermé, ce qui leur fait faire la grimace, comptent combien il y a de têtes (expression d'atelier que tout le monde connaît et que nous allons expliquer), et vérifient les mesures sur leurs papiers. D'autres enfin... ne font rien, fument en racontant des « blagues », et le modèle toujours impassible sommeille sans en avoir l'air, attendant le cri « repos » qui sonne au bout de l'heure. Ce mot magique fait l'effet du mot « terre » que prononce la vigie ; les tabourets s'écartent, le modèle saute à terre, on se tapit près du feu et les élèves causent, rient, chantent encore plus haut que tout à l'heure, parce qu'ils sont moins attentionnés. Le modèle remonte sur la table, les élèves reprennent leur travail : regardons par-dessus l'épaule de l'un d'eux comment on s'y prend.

Il convient d'abord de mettre son dessin en feuille,

c'est-à-dire qu'il faut que le dessin soit dans le milieu, que la tête du « bonhomme » approche le haut du papier ; les pieds, le bas. C'est ce qu'on appelle une bonne présentation. Il ne suffit pas, en effet, de bien exécuter un dessin : il faut qu'il soit agréable à voir. Rien n'est plus laid qu'un dessin trop à gauche, ou trop à droite,

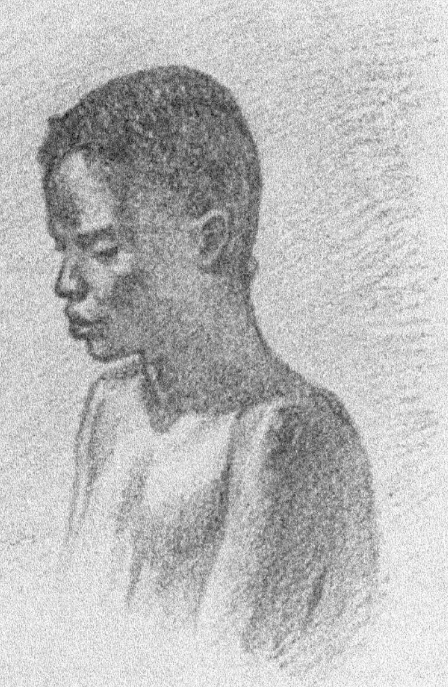

ou encore trop petit d'échelle. Si nous semblons sortir un peu de notre sujet, c'est parce qu'on ne saurait trop insister sur la manière de « dessiner ». Combien ai-je vu de jeunes gens qui ne faisaient pas de progrès parce qu'ils ne savaient pas s'y prendre. Mettre un dessin en feuille, savoir les principes d'après lesquels on construit une académie ou tout autre objet, chercher ses proportions, prendre ses aplombs, tout cela nécessite des études longues, mais indispensables si l'on veut arriver à bâtir vite une esquisse.

On indique donc légèrement au fusain sa ligne médiane, sur laquelle on reporte les grandes mesures. On marque par avance le point le plus haut du dessin et le point le plus bas, puis le milieu. Enfin on cherche combien la mesure de la tête est contenue de fois dans la mesure générale : si c'est sept, le septième porté en haut de la feuille donnera la dimension de la tête. C'est ce qu'on appelle compter combien un bonhomme a de têtes, expression baroque et terrible pour quiconque n'est pas au courant des termes d'atelier. Supposez un monsieur qui ne connaîtrait pas l'expression, et à qui vous diriez en faisant son portrait : « Monsieur, vous avez sept têtes »..., certainement il sera ahuri sinon épouvanté,... à moins qu'il ne vous prenne pour un pauvre diable pris de folie subite.

Cette mesure de la tête est très importante. Dans la recherche d'une proportion, c'est toujours au moyen de la tête qu'on vérifie. Enfin il faut faire des comparaisons entre toutes les parties du corps : c'est le meilleur moyen de faire un dessin exact. C'est un procédé peut-être un peu mathématique, mais au moins on est sûr de ce qu'on fait ; surtout en commençant, il ne faut pas se fier à la justesse de son œil sous peine de commettre des erreurs grossières.

Pour faire ces indications sur le papier, on doit tailler finement son fusain et dessiner légèrement. Quand les grandes mesures sont prises, on cherche le mouvement avec la plus grande simplicité par une ligne qui se rapproche de la forme sans être forcément exacte. La forme précise se cherche après. En effet, le mouvement se doit indiquer largement, d'ensemble, autrement on ferait creux. Pour cela il faut chercher ses aplombs. Vous avez tous vu ces corps cylindriques terminés par une pointe et pendus à un fil. Pour chercher un aplomb, vous tendez le bras; de cette manière vous êtes toujours

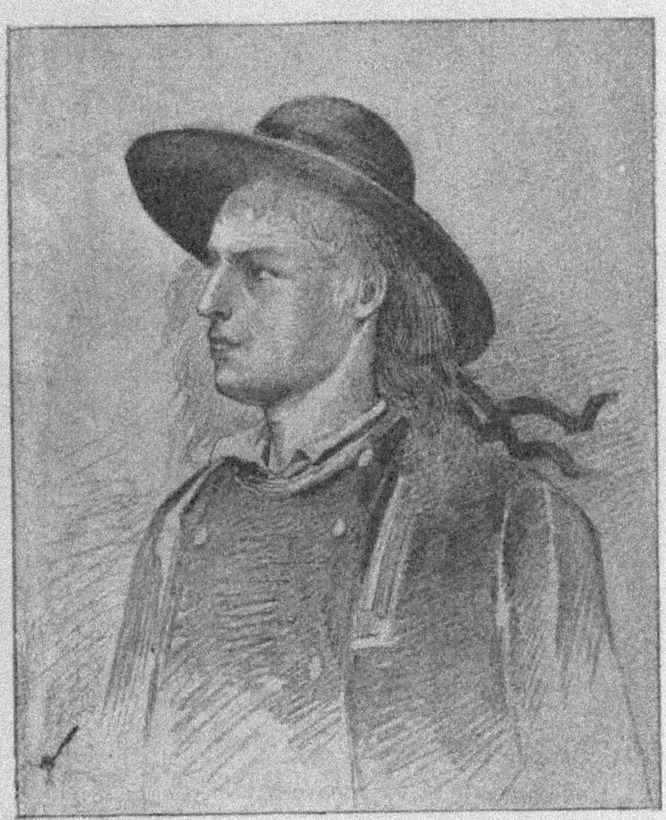

sûrs de mettre le fil à plomb à peu près à la même distance du corps. Vous suivez de l'œil la verticale que vous donne le fil, en notant tous les points qui passent par la perpendiculaire. Pour le reporter sur le papier, vous prenez votre fil que vous faites glisser sur le bord vertical de la feuille en déterminant la largeur. Expliquons-nous; vous voulez connaître l'aplomb du talon. Vous tendez le bras et voyez que la ligne qui passe au talon passe aussi à la clavicule. Vous prenez une

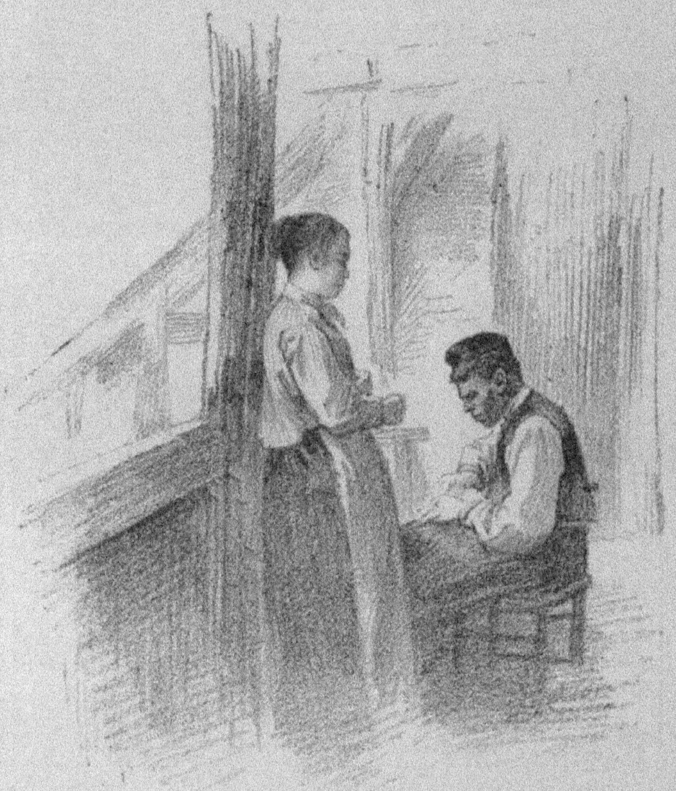

extrémité du fil que vous tenez sur le bord vertical de la feuille, et tendez horizontalement le fil jusqu'à la clavicule : vous avez une largeur que vous faites descendre en glissant. Votre doigt qui maintenait le fil à la clavicule suit une verticale, précisément celle du fil à plomb : arrivé au point où doit être le talon, vous marquez celui-ci d'un trait léger.

Il ne faut pas prendre ses aplombs comme je l'ai vu faire par un élève qui clignait de l'œil, plaçait obliquement son fil en le tenant des deux mains devant le modèle, et délicatement, comme s'il portait un panier d'œufs, ramenait ses bras sans déplacer les mains pour conserver la même obliquité sur son papier, et marquait les points trouvés. Vous jugez de la belle tournure que pouvait avoir son dessin !

Nous avons donc notre dessin dans la feuille, nos proportions, nos aplombs; tout est légèrement indiqué au fusain. Notre mouvement est cherché. Jusqu'à présent nous avons fait un travail mécanique; le fusain a fait peu de chose. C'est maintenant qu'il va jouer son rôle important.

Il faut chercher la forme précise, donner la synthèse du mouvement dans une belle ligne simple et pure, saisir le caractère du modèle, montrer la direction exacte de chaque côté du corps, bien emmancher les membres, affirmer par une ligne souple et exacte le mouvement, il faut être patient, effacer, refaire jusqu'à ce qu'on ait trouvé. Il faut chercher à comprendre, ouvrir grand les yeux, bien voir.

Quand la ligne est épurée, il faut l'accompagner des ombres, du modelé, faire tourner l'objet ou la figure, saisir le jeu des muscles, affirmer les plans, en un mot dessiner nerveusement sans faire sec, avec souplesse sans faire mou.

Cherchons les masses, définissons l'ombre et la lumière, toujours à l'état d'esquisses, en sacrifiant les détails, les reflets et autres choses inutiles qui déforment l'allure d'un dessin, lui donnent l'aspect du

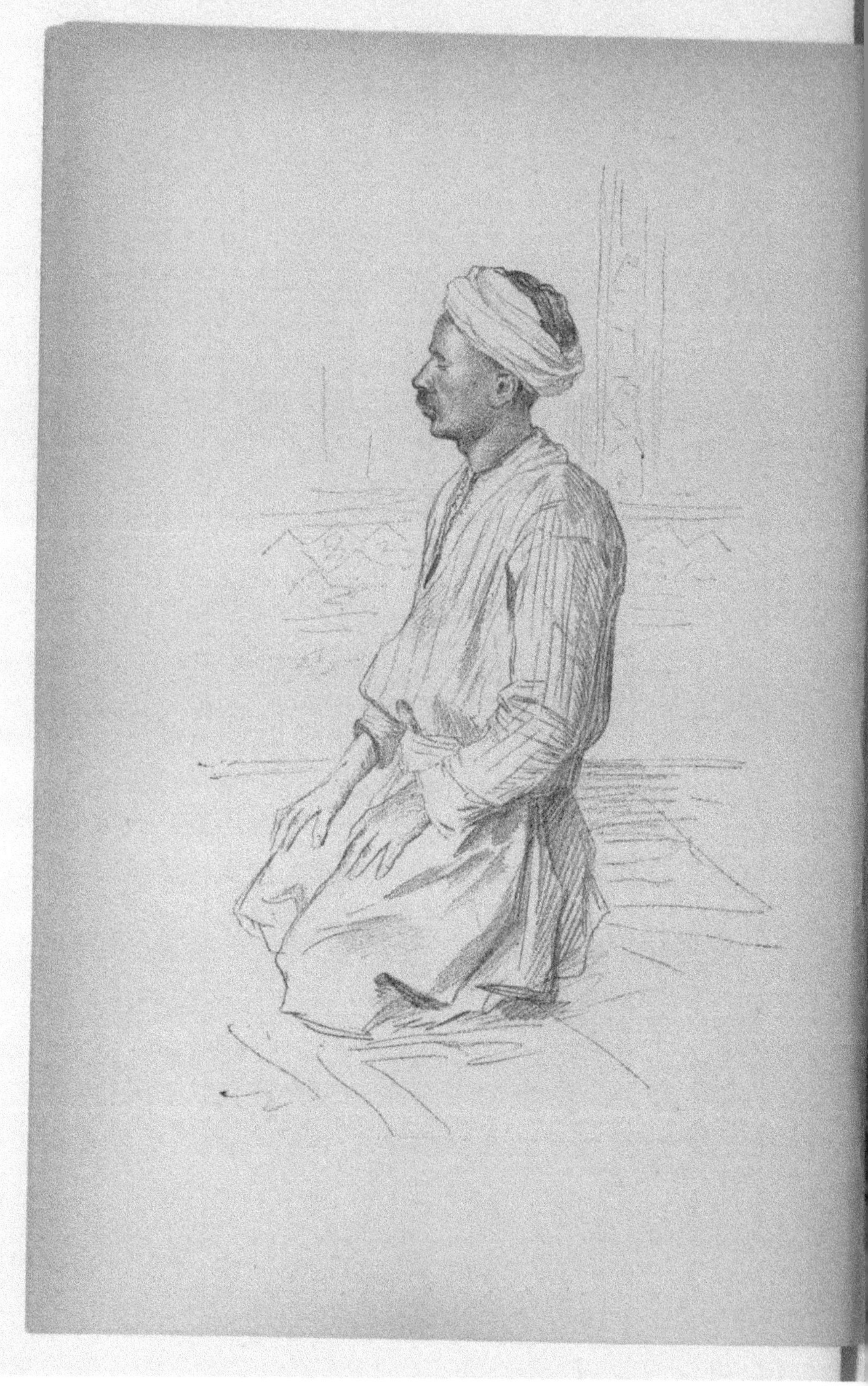

bronze. Pour cela il faut cligner des yeux ; de cette manière tout ce qui est inutile disparaît à notre insu, nous ne voyons plus que les masses.

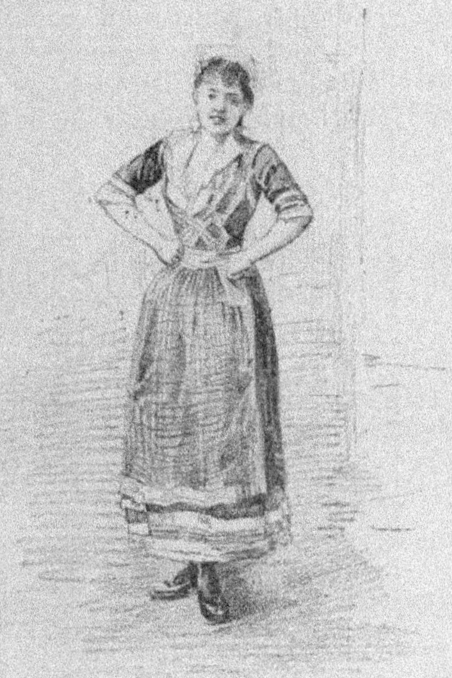

Il faut dessiner les ombres dans leur forme, puis les remplir d'un ton léger qu'on égalise en frottant.

En tout cas faites vos dessins très blonds toujours ; rien n'est désagréable comme des dessins poussés au noir. D'abord il est toujours temps de forcer une valeur quand elle est trop claire, tandis qu'il est fort ennuyeux de l'atténuer quand elle est trop foncée. On enlève, on salit son papier, on se décourage; dans ce cas il vaut mieux recommencer; lorsqu'on débute, on a toujours tendance à faire trop noir et presque jamais, dans le modèle vivant surtout, il n'y a de noir pur. Une expérience qu'on fait souvent consiste à mettre un chapeau ou un manteau tout noir à côté d'une valeur qu'on a exprimée et qui paraît trop forte sur le dessin.

On est étonné de voir la différence qu'il y a entre les deux, et on constate presque toujours que l'on a trop poussé les valeurs.

Faire blond est une qualité des plus importantes ; on serait même au-dessous de la vérité, on aurait fait tout de même une chose agréable à voir.

Du moment que les valeurs sont exactes entre elles, on peut traiter plus ou moins clair, mais proportionnellement.

L'esquisse doit donner l'impression de la chose vue ; elle est œuvre d'art, quand elle donne le véritable caractère en simplifiant. Bien souvent un dessin à l'état d'esquisse devient lourd, pâteux, désagréable quand il est poussé... maladroitement, entendons-nous. Il ne faut pas se contenter d'esquisses, car avec elles on n'arrive pas à un résultat complet.

Quand on veut pousser plus loin que l'esquisse, quand on veut faire un dessin terminé, il faut aller graduellement, ainsi que nous allons essayer de le dire dans le chapitre suivant traitant du portrait; mais, qu'il s'agisse d'une figure en pied ou d'un buste, d'une figure nue ou habillée, la façon de procéder est la même.

CHAPITRE V

LE PORTRAIT AU FUSAIN

Le fusain est certainement, parmi les procédés en noir, celui qui se prête le mieux à l'exécution du portrait d'après nature, car il permet non seulement de transcrire toutes les vigueurs, mais de rendre aussi le moelleux des chairs, le velouté des étoffes. Bien traité, un portrait au fusain rend presque aussi bien l'impression de la nature qu'un portrait à l'huile.

Voyons un peu comment il faudra vous y prendre lorsque vous voudrez faire un portrait; ne vous y essayez toutefois qu'après avoir fait maintes études du genre qui fait l'objet du chapitre précédent, en un mot ne faites du portrait que lorsque vous serez certain de bien comprendre les formes, de bien rendre les contours, car c'est seulement à ce prix que vous aurez chance de réussir.

Lorsqu'un portrait est ressemblant est-il forcément bien? Pas le moins du monde; vous pouvez fort bien saisir les traits d'une personne tout en la dessinant mal et tout en ayant une exécution défectueuse; de même que vous pouvez fort bien faire une tête admirablement dessinée, fort bien exécutée, mais point ressemblante du tout.

Le portrait est en somme fort difficile, car il ne s'agit pas seulement de rendre les formes exactes, il faut aussi et surtout saisir le caractère d'une physionomie et son expression..., mais ceci encore nous l'avons dit et développé maintes fois, venons-en donc sans plus tarder à l'exécution proprement dite.

Tout d'abord vous indiquerez la grandeur de votre figure sur votre feuille, puis toujours très légèrement vous tracerez les contours généraux, la place des traits, en un mot vous ferez une mise en place. Celle-ci bien arrêtée, vous procéderez à l'étude du dessin, vous chercherez bien la forme de chaque trait, les lignes du

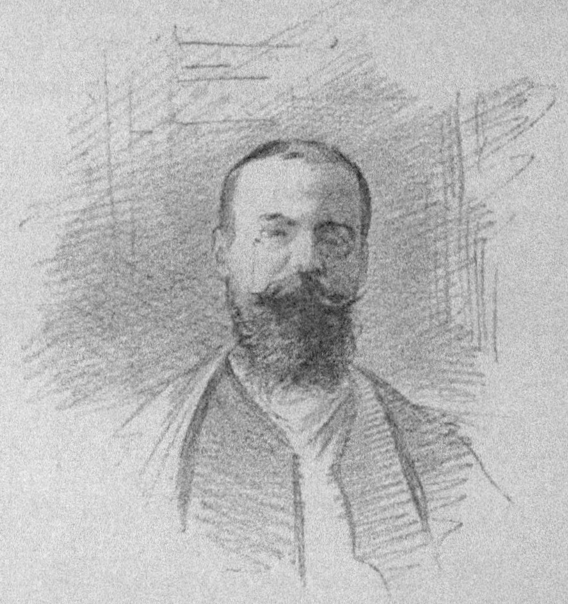

nez, des yeux, l'expression de la bouche; tout d'abord ne vous occupez pas de la ressemblance, cherchez surtout les caractères généraux; c'est en procédant aux détails que, petit à petit, si le caractère est bien saisi et si le dessin est juste, vous verrez la ressemblance surgir sous votre fusain. En ébauchant une figure, ne vous contentez pas de procéder seulement par traits et contours, mais massez le plus possible vos ombres en laissant indemnes les lumières et en frottant seulement les demi-tons. — Certains artistes agissent inversement et préfèrent teinter leur papier partout pour relever ensuite leurs lumières. — Toute manière de faire est bonne, nous l'avons dit, lorsqu'elle mène au but qu'on s'est proposé d'atteindre.

Lorsque votre figure sera bien dessinée, bien mas-

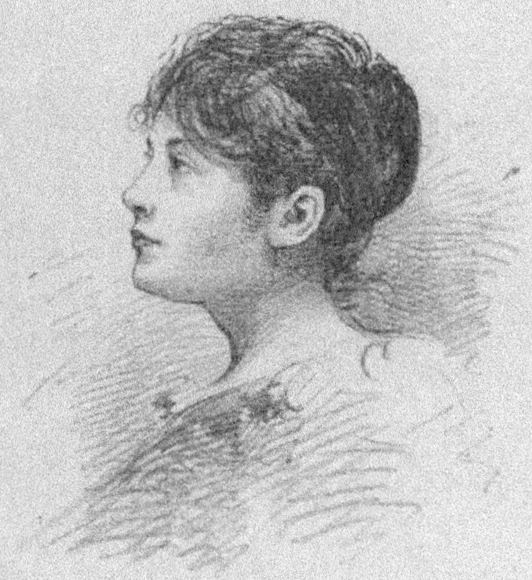

sée, qu'ayant vérifié vos longueurs, vos largeurs, vos écartements, vous serez sûr que « ça y est », alors commencez à appliquer des traits et des touches définitives, car jusqu'ici vous n'avez mis que des indications, précises je le veux bien, mais insuffisantes en tant que valeurs et qu'exécution.

« Dois-je commencer par faire l'œil ou faut-il faire la bouche d'abord? demandait un naïf débutant.

— Commencez par où vous voudrez, répondit le maître auquel cette question s'adressait, pourvu que vous finissiez bien. Commencer, ça ne signifie rien, finir... là est le difficile! »

Ceci est fort vrai, et il arrive souvent qu'au beau milieu d'un travail on soit perdu, qu'on ne voie plus du tout son œuvre et qu'on soit alors fort embarrassé

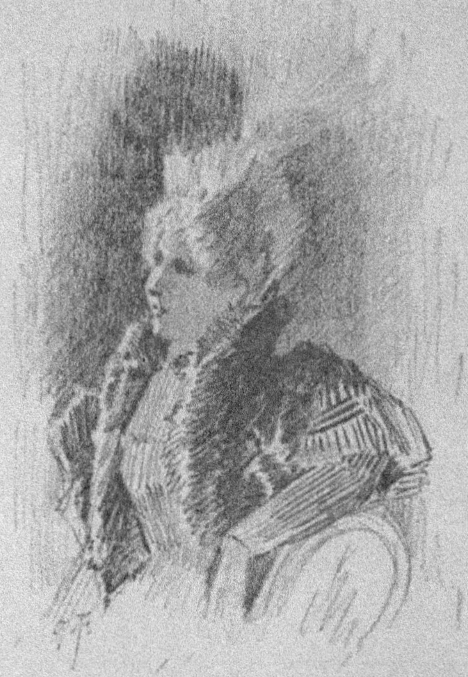

pour la continuer... En ce cas, il faut prendre le parti de la poser dans un coin, la face contre la muraille, ne plus la regarder que quelques jours après... on la retrouve alors, et il est rare qu'on ne termine point à la satisfaction générale. Du reste, pour peu qu'on fasse une œuvre de longue haleine, il est bon de l'abandonner de temps à autre, de ne plus la voir; quand on la reprend, les idées sont fraîches et si l'œuvre comporte des fautes ou des défauts, ceux-ci vous sautent aux yeux ; or, quand le mal est connu, le remède est aisé à trouver.

— Vous commencerez donc l'exécution proprement dite de votre portrait par où vous voudrez, mais en ayant soin de conduire graduellement votre œuvre, de la mener d'ensemble, c'est-à-dire de faire en sorte que le tout suive une gradation raisonnée, c'est-à-dire, par exemple, ne pas vous amuser à étudier un œil, à le terminer complètement alors que l'autre n'en sera qu'à l'état d'ébauche, vous courriez le danger de ne pouvoir mettre les deux d'ensemble. Il faut que vous puissiez toujours apprécier votre œuvre dans sa tenue générale. Elle devra passer, en somme, par diverses fluctuations : elle sera d'abord très simple, très peu indiquée, vous la laisserez aussi blonde que possible ; peu à peu vous monterez de ton en accentuant non seulement les détails, mais aussi les masses, vous mettrez en dernier vos touches violentes, vos accents et vous enleverez vos lumières.

Lorsque vous aurez des parties à travailler dans les gris, mettons comme exemple, si vous voulez, la barbe d'un vieillard, il faudra également procéder par masses, poser les ombres par grandes parties, puis, laisser les grandes lumières, poser les détails foncés ; avec de la peau de gant ou de l'amadou, ou à l'aide de la mie de pain, vous enlèverez ensuite vos petits dessins, toutes vos lumières et vous terminerez enfin par le travail au grattoir qui vous donnera les lumières fines, les petits accents blancs, etc., etc.

Recherchez de préférence, dans l'exécution d'un portrait au fusain, les effets un peu accusés, ils sont plus faciles pour commencer, puisqu'ils sont plus définis et par conséquent plus aisés à saisir, aussi plus aisés à rendre. Le procédé du « fusain » se prête à merveille au rendu des effets violents, qu'il faudra toutefois bien envelopper pour ne pas faire dur, sec.

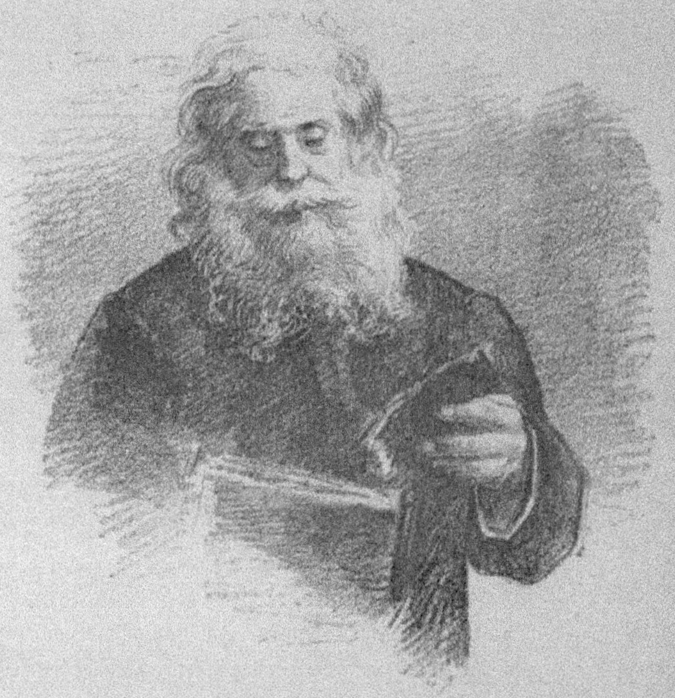

Il faudra surtout rester sobre dans les tons intermédiaires et ne pas chercher plus que de raison les modelés de demi-teintes.

Poser carrément d'abord les intensités et les lumières, les grands noirs et les grands blancs, puis les relier entre eux aussi simplement que possible.

Nous bornons ici nos indications ; le sacrifice que

vous feriez en nous lisant davantage ne vaudra pas celui de quelques feuilles de papier sur lesquelles vous vous exercerez à appliquer les quelques théories résumées ici ; ces quelques feuilles noircies de fusain vous en

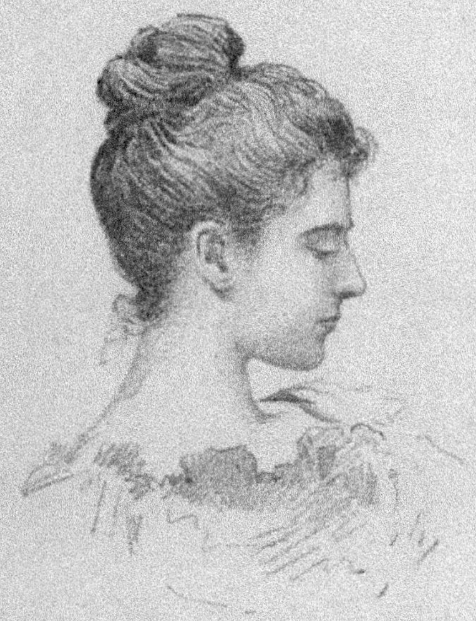

apprendront cent fois plus que de nombreuses pages noircies de texte explicatif.

CHAPITRE VI

LE PAYSAGE

Certains professeurs conseillent aux débutants de faire maintes copies d'après des modèles avant de faire des études d'après nature. Ceci est une affaire d'appréciation personnelle, mais je dois avouer que je ne suis pas du tout de cet avis, et voici pourquoi.

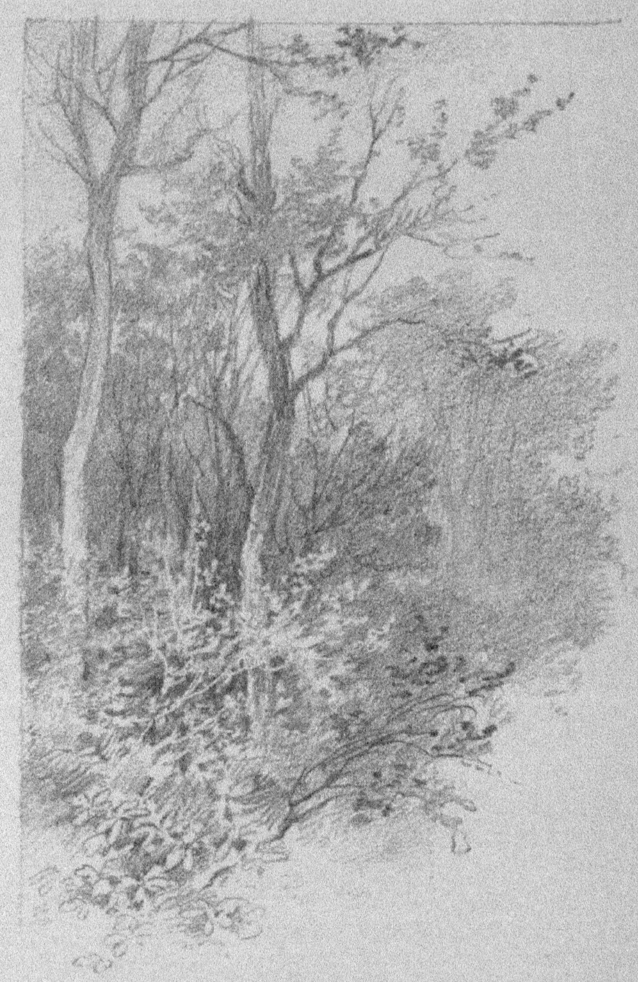

Chaque artiste a sa façon bien à lui de traduire un effet, chacun a sa manière propre d'interpréter un sujet; or, pour qu'une copie soit bien faite, il faut absolument que vous reproduisiez non seulement l'ensemble de l'œuvre, mais encore sa facture, puisque c'est le côté « facture » qui vous intéresse pour le moment ; il faut donc que vous vous assimiliez la façon de faire d'un autre et que vous abandonniez votre personnalité pour prendre la personnalité du voisin.

Et pourtant, me direz-vous, des graveurs, des lithographes, et parmi les plus réputés, ne font guère de créations et se contentent de reproduire les œuvres d'autrui ! — Parfaitement, — mais ils les interprètent en les reproduisant, ce qui est tout autre chose. Jamais un artiste ne copie en lithographie une autre lithographie, à l'eau-forte une autre eau-forte. Sa copie sera faite d'après un tableau à l'huile, une aquarelle, un pastel, que sais-je? et il faut alors qu'il applique le procédé qu'il emploie, gravure ou lithographie, à rendre tous les effets de l'œuvre exécutée par un autre procédé. Aussi n'est-ce point ce genre de copies que je déconseille au début de ce chapitre, mais bien celles qui consistent, sous prétexte d'apprendre la manœuvre d'un procédé quelconque, à essayer de reproduire une œuvre par le même procédé.

M'est avis que toute étude d'après nature, fût-elle très mauvaise, contient toujours un « si peu que ce soit » de bien, et qu'en tout cas cette mauvaise étude vous en apprendra plus que dix autres meilleures que vous aurez exécutées d'après des modèles. Vous risquez, du reste, en procédant ainsi, de perdre toute personnalité ; or, chacun de nous possède en soi un brin d'originalité..., il ne faut pas le laisser échapper, mais au contraire l'appliquer à toute chose.

Ce que je viens de dire est plus encore peut-être pour le paysage que pour la figure, je dis « plus encore » parce qu'il est plus aisé de faire dès le début du paysage d'après nature que de la figure.

En tous cas, si vous n'osez vous fier à commencer de suite d'après nature et que vous préfériez d'abord vous exercer quelque peu d'après d'autres œuvres, que celles-ci soient d'un procédé autre que le fusain.

Supposons maintenant que, bien commodément ins-

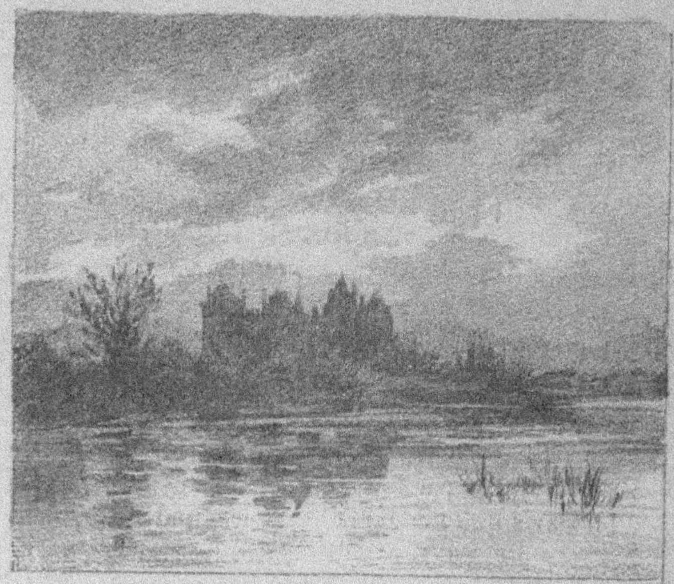

tallé en plein air, votre carton sur les genoux ou sur votre chevalet de campagne, vous vous disposiez à reproduire le sujet qui s'étale sous vos yeux. Comment devez-vous vous y prendre? Cela, bien entendu, dépend un peu du sujet et de l'effet sous lequel il se présente, mais nous pouvons, néanmoins, vous donner des indications générales dont vous pourrez à loisir vous écarter suivant les besoins de la cause.

Nous allons donc passer rapidement en revue les éléments qui composent généralement un paysage et voir ensemble les diverses manières de les rendre. Disons tout d'abord qu'il faut toujours faire sentir, par

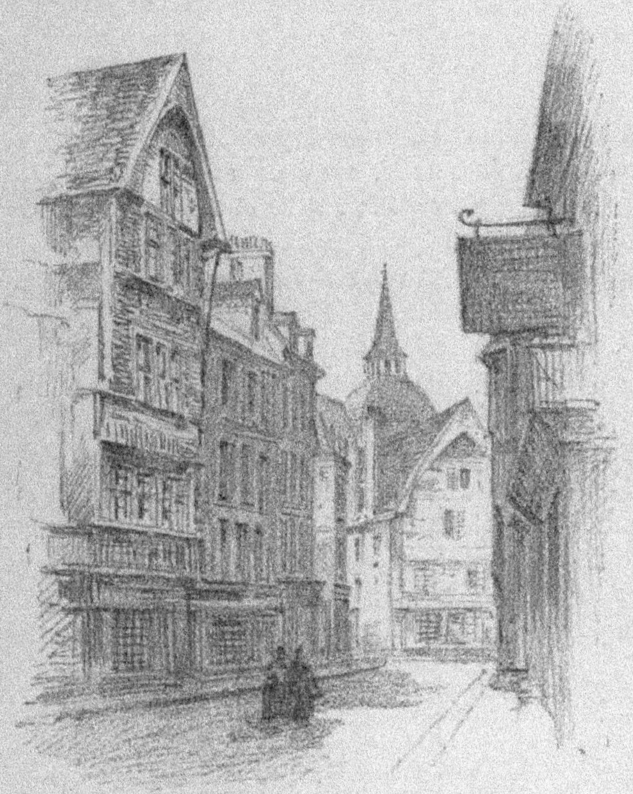

la manière dont les traits sont posés, la forme ou la direction que prend un objet; vous procédez par à-plats, je le sais bien, mais les touches de détails que vous marquerez devront être faites dans le sens voulu. Si ce n'était pas exiger trop de votre patience, ami lecteur, je vous prierais, si vous avez besoin de plus amples explications, de parcourir un peu la brochure : *l'Art de prendre un croquis*, où, de mon mieux, j'ai développé ce que je viens de dire.

Les ciels. — Commençons par les ciels : il en est d'unis, de foncés, de clairs. Teintez d'abord avec le chiffon toute la surface de votre ciel en restant d'un ton un peu au-dessus, avec le chiffon propre vous repasserez une seconde fois légèrement en partant de l'horizon que vous éclaircirez aussi, car dans un ciel uni l'horizon est toujours plus clair ; au fur et à mesure que vous monterez, le chiffon se garnira du fusain enlevé dans la partie du bas et votre ciel se graduera ainsi en se fonçant par le haut.

Plus votre ciel sera foncé, plus naturellement vous le chargerez de ton tout en procédant d'une façon identique ; vous pouvez ici vous aider de la paume de la main qui vous aidera à appliquer une teinte plus vigoureuse. Ne vous efforcez pas trop d'avoir un ciel tout à fait uni, de crainte de rester froid d'abord et monotone ensuite, et enfin, raison péremptoire, parce qu'un ciel uni, n'est pas un ciel uni. Cela n'est pas un paradoxe ; fixez attentivement un ciel, quelque limpide qu'il vous paraisse, vous reconnaîtrez au bout de quelques instants que cette limpidité n'est qu'apparente et qu'elle n'est nullement synonyme d'uniformité ; ne craignez donc pas d'avoir des teintes graduées les unes dans les autres, point accentuées, mais suffisantes pour enlever la sécheresse. Le coton adroitement manié, la mie de pain réduite en miettes imperceptibles et roulées par place avec les doigts vous donneront la transparence voulue.

Le ciel que vous avez devant vous change d'aspect ;

là-bas à l'horizon d'imperceptibles nuages blancs font leur apparition : vite un peu de mie de pain.

Les nuages grossissent, des nuages foncés accompagnent les nuages blancs, c'est l'estompe et la peau de gant qui vont, enduites de fusain, vous les transcrire sur votre papier ; il vous suffira de manœuvrer l'une ou l'autre dans le sens desdits nuages.

Décidément le temps va se gâter, ce sont maintenant des nuages noirs, lourds, qui ont surgi ; dépêchez-vous de les indiquer avant qu'ils se transforment en trombes d'eau, car alors, adieu le fusain ; celui-ci a horreur de la moindre humidité, et deux ou trois gouttes d'eau suffiraient à l'abîmer complètement. Avec vos fusains, votre sauce, vos estompes, avec les doigts, le coton, la paume de la main, indiquez ces nuages, rendez non leur forme identique, cela n'est point possible, mais leur caractère, leur tenue générale, observez-en bien les valeurs et qu'on sente ceux qui sont en avant.

... Ce n'était qu'une fausse alerte, les nuages ont crevé plus loin, le soleil ne se montre pas encore, mais on le sent venir, on le devine derrière cette grosse nue dont il éclaire les bords de stries éclatantes... ces stries, c'est la souple mie de pain qui va les faire éclater sur votre œuvre ; c'est elle aussi, mais ternie par le fusain dont elle s'est garnie, qui vous donnera les demi-lumières.

L'eau. — Si le ciel subit des transformations subites, si les effets changent à toute minute, si sa couleur varie d'instants en instants, l'eau en fait tout autant, puisque son office est, en somme, d'en être le miroir et d'en refléter toutes les fluctuations.

Plus elle est calme, plus les reflets sont accusés,

plus elle est bouillonnante et moins ceux-ci se répercutent, parfois même s'offre-t-elle le malin plaisir de ne plus refléter du tout et de se vêtir d'un ton tout différent. Combien de fois n'avez-vous pas vu la Seine,

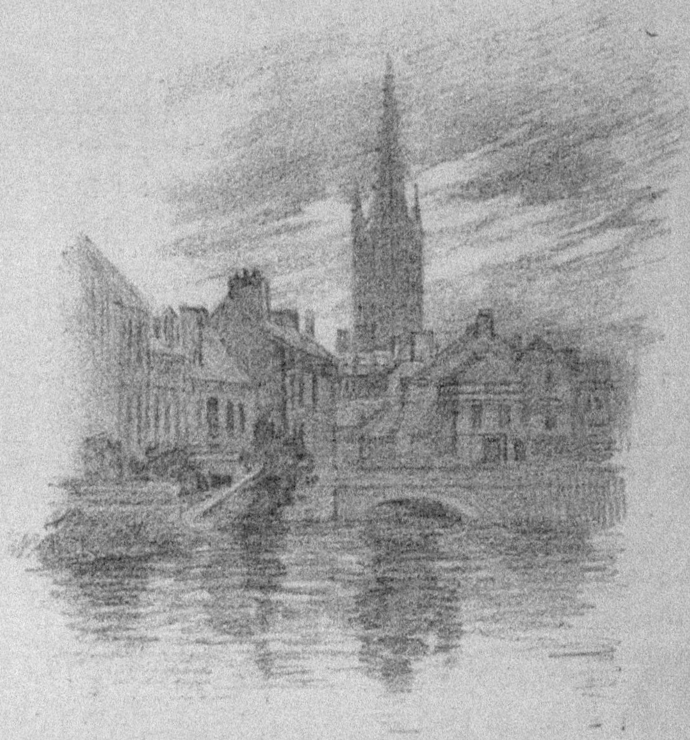

par exemple, varier ses couleurs? Parfois, surtout quand le ciel est gris, elle s'amuse à se vêtir de vert; d'autres fois, c'est un ton ocré qui la tente. Demain peut-être sera-t-elle bleue... Capricieuse? oui; et elle n'est pas la seule.

Non seulement les changements des ciels sont causes

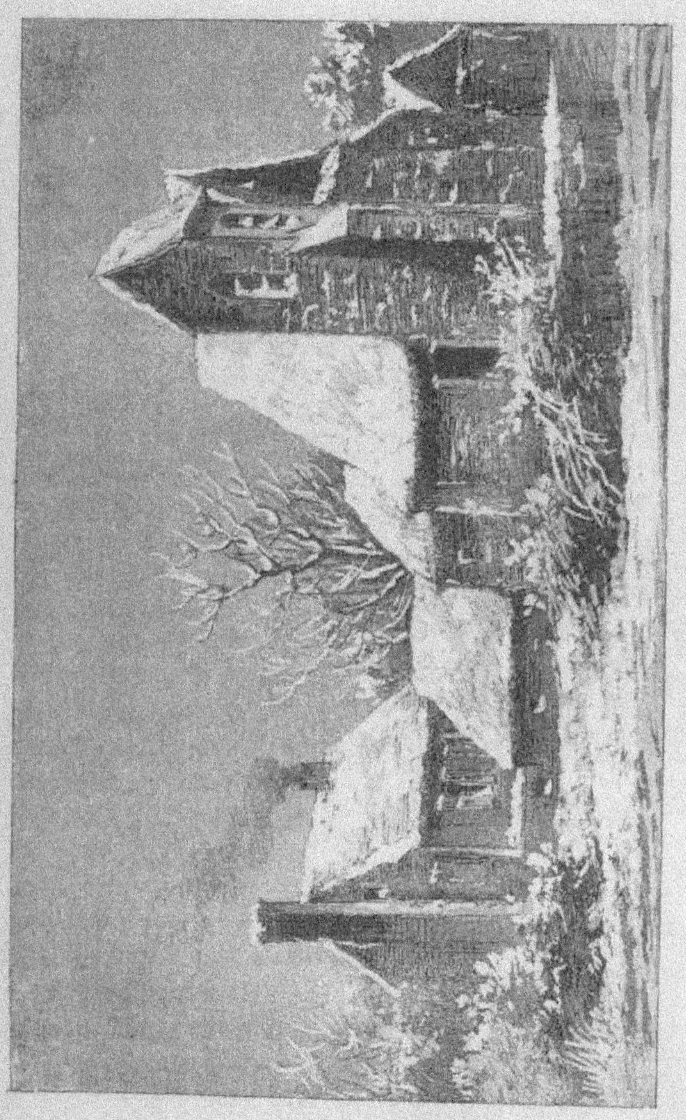

5

des changements de l'eau, mais celle-ci se modifie encore suivant les heures du jour.

Quand on « fusine » de l'eau, il faut s'efforcer à en traduire la transparence ; ceci s'obtient surtout par l'indication juste des reflets et par la lumière adroitement enlevée soit à la mie de pain, à l'estompe de peau, au grattoir !

Aucune indication spéciale à donner ici et nous renvoyons encore, pour plus longs détails, à la brochure précitée.

Les terrains. — Il faudra d'abord en indiquer le ton fondamental, qu'il soit bien solidement établi, que les accidents en soient bien indiqués dans le sens voulu et nerveusement tracés. Ceci fait, votre terrain est propre à recevoir toutes les plantations que vous voudrez, plantations que vous indiquerez au fusain plus ou moins fin, plus ou moins noir, sans surcharges de détails et que vous éclairerez ensuite par les moyens cités : mie de pain, peau, grattoir.

Les arbres. — Chaque nature d'arbre a son caractère bien accusé ; c'est ce qu'il faut chercher à rendre. Plus un arbre est éloigné et moins, naturellement, il faut le détailler (ceci pour quelque objet que ce soit, du reste), ce qui équivaut à dire que les arbres de premier plan devront surtout comporter des détails, mais il ne faut point, pourtant, les en surcharger, et c'est par masses toujours, masses de lumières et d'ombres, qu'il faudra procéder (1).

Les *maisons*, les *monuments*, etc., doivent avant tout être rigoureusement mis en perspective et bien d'aplomb.

(1) Dans l'*Art de prendre un croquis*, une foule d'explications ont été données qui pourront, croyons-nous, être utiles à nos lecteurs.

On en tracera d'abord les lignes principales, on placera les côtés ombres et les côtés lumières, puis, avec des

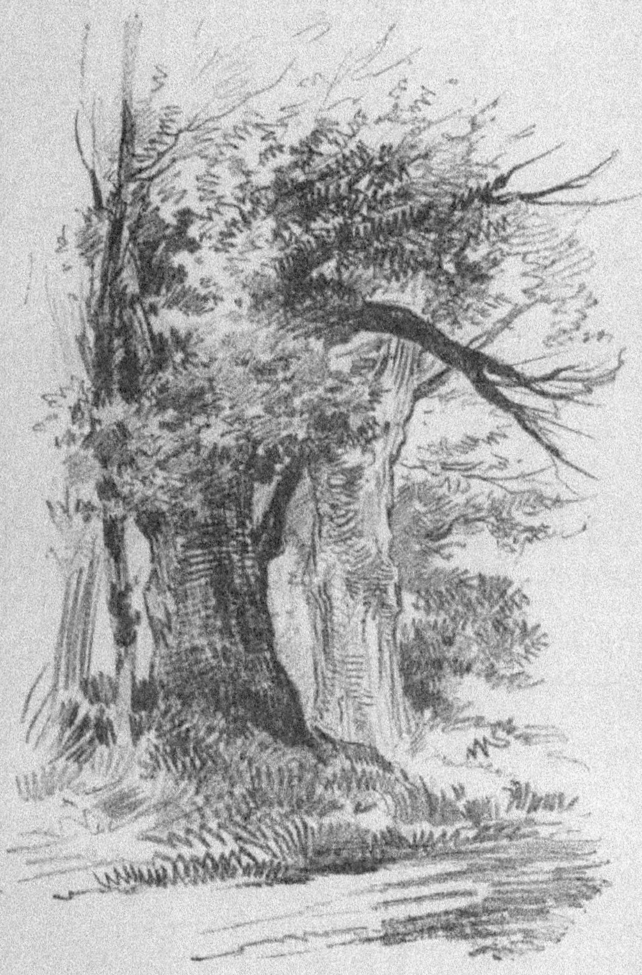

fusains très finement taillés, on ajoutera les détails, fenêtres, portes, parties sculptées, etc., etc.

Ces quelques lignes sont suffisantes, je pense, d'autant plus que je ne pourrais, en vérité, détailler par le menu tout ce qui, dans la nature, prête à la reproduction au fusain. Ce que vous ne trouverez point ici, la nature se chargera de vous l'apprendre et ce, beaucoup plus clairement que moi.

CHAPITRE VII

DIVERSES APPLICATIONS DU FUSAIN

Passons rapidement en revue les diverses applications auxquelles prête le dessin au fusain.

On a pu voir, par ce que nous avons dit dans le courant de cette brochure, que le fusain est, de tous les moyens employés pour dessiner, le plus commode et le plus pratique. Il présente cet immense avantage, de permettre des redites sans nombre, puisqu'un trait mal posé s'enlève au moindre frottement. Je sais bien qu'en certain cas cette qualité peut devenir un défaut ; que, par exemple, lorsque au dehors, d'après nature, on veut prendre quelques croquis, cette fragilité du fusain est parfois gênante, mais que voulez-vous, toute médaille à son revers. En revanche, lorsque, à l'atelier, vous cherchez une composition, un ensemble, un effet, aucun procédé ne vous permettra de le chercher aussi rapidement ni aussi sûrement que le fusain : vous hésitez sur la pose d'un noir, sur l'apposition d'une lumière?... un coup de fusain vigoureux ici, un coup de mie de pain là et voilà votre effet en place... il ne rend pas ce que vous espériez, d'un autre coup de fusain vous mettez le noir à la place du blanc, d'une chiquenaude suivie d'un frottement à la peau de gant, le blanc a remplacé le noir. Vous vous évertuez à trouver une forme, vous avez posé des contours, et « cela n'y est pas », un peu d'amadou va faire disparaître toutes traces de noir, et un contour plus gracieux renaît sous votre fusain, mais « ce n'est pas encore ça », allons-y de l'amadou et recommençons ; recommençons ainsi

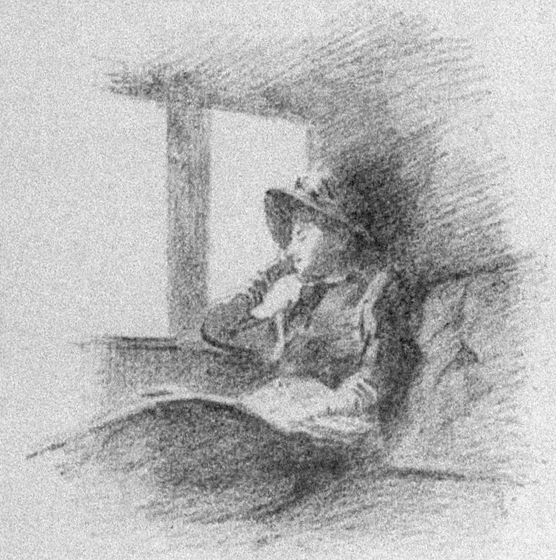

autant de fois que nous voudrons, jusqu'à ce que nous ayons enfin obtenu et la forme et l'effet poursuivis. Quand le fusain ne servirait qu'à l'indication des croquis d'atelier, qu'à la recherche des compositions, son emploi serait précieux déjà, mais il a d'autres applications encore.

Par exemple : il se prêtera à merveille à des compositions décoratives sur toile, sur soie, sur d'autres étoffes. La façon de le travailler sera la même pour obtenir des effets et des formes, mais variera un peu dans l'exécution. Le noir du fusain entrera plus aisément dans les tissus d'une étoffe que dans les pores du papier et par cela même il s'y fixera davantage ; il faut donc le traiter plus soigneusement et plus prudemment, tâcher de ne pas appliquer de touches trop violentes dès l'abord pour ne pas avoir à trop enlever, de crainte de ternir l'étoffe, et procéder par tons gradués en allant du clair au foncé ; en somme il faut tâtonner un peu, mais l'exécution du fusain sur étoffes n'est, en somme, pas beaucoup plus difficile que sur papier. Les effets en sont différents puisque les grains du tissu sont différents des grains du papier.

Le fixage se fait de même façon, mais on fera bien toutefois sur une rognure de l'étoffe choisie, de passer un pinceau imbibé de fixatif et de voir si, une fois sec, celui-ci n'a pas dénaturé la teinte de cette étoffe ou si elle n'a point fait tache ; dans ce cas il faudrait se borner à fixer, en plusieurs opérations successives, au moyen du vaporisateur, en se tenant à une certaine distance, sinon on pourra faire le fixage indirect, c'est-à-dire en passant le fixatif au pinceau sur l'envers de l'étoffe.

On pourra, sur soie, toile, etc., obtenir des effets très intenses et très variés, car rien ne vous force à prendre seulement des tissus blancs ou crème, vous pouvez fort bien choisir ceux-ci dans des tons autres, clairs ou foncés, bleutés, jaunâtres, rosés ou franchement bleus, jaunes ou verts. Vous pourrez alors poser des lumières soit au crayon blanc, soit à la gouache.

Ce qui est possible pour les étoffes l'est tout autant sur le papier que vous pourrez, lui aussi, choisir teinté ! Tout est permis pourvu que l'effet soit agréable.

Partant de ce principe vous pourrez encore faire des

fusains légèrement (ou franchement) repiqués de teintes ou de couleurs.

Plusieurs moyens se présentent, je les ai employés

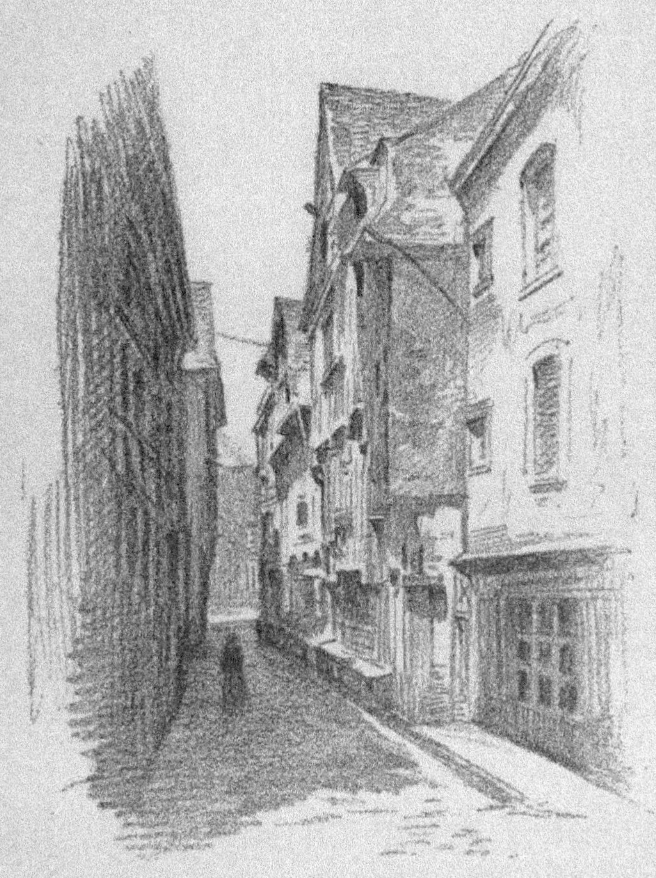

pour des panneaux décoratifs ; les deux m'ont donné des résultats assez heureux bien que divers ; les voici, vous pourrez les essayer et même les perfectionner.

Traitez un sujet entièrement au fusain en laissant

vos grandes masses claires au-dessous du ton, poussez votre œuvre jusqu'au bout, comme si elle devait rester telle quelle ; lorsque vous l'aurez terminée, repiquez discrètement certaines parties avec de légers tons au pastel (après avoir fixé votre fusain toutefois). Le pastel devra être posé légèrement, sous peine de masquer entièrement le travail au fusain qui doit transparaître ; adroitement fait et sans exagération, on obtient ainsi des effets charmants.

Le second moyen est tout simplement l'inversion du

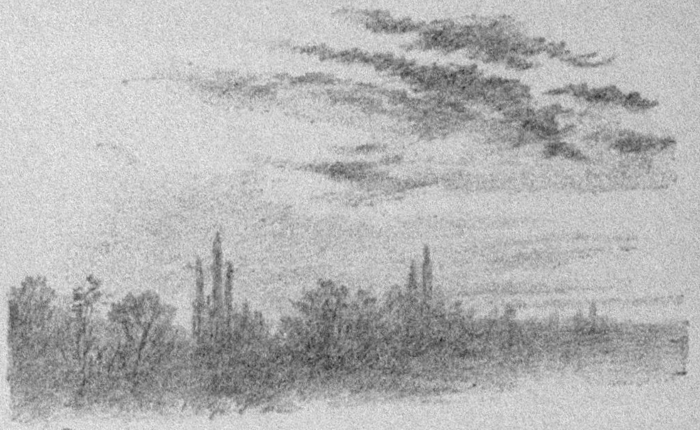

premier : l'application du pastel avant ; cette inversion permet l'obtention d'effets analogues par un moyen autre : l'aquarelle. Il va sans dire que pour celui-ci il faudra exécuter son œuvre sur du papier encollé.

Que ce soit du pastel ou de l'aquarelle que vous vous serviez, voici la marche à suivre : Indiquez bien exactement votre dessin par contours très légers et très fins, afin d'avoir bien en place toutes les masses qui le composent, ceci fait, fixez-le.

Teintez alors légèrement par grandes masses les différentes parties que vous voulez colorées, soit comme nous le disions, avec du pastel, soit au lavis. Si c'est au pastel, vous vous servirez de l'estompe ou de l'ouate pour avoir un ton uni. Lorsque vous aurez ainsi posé partout les teintes voulues, faites par-dessus votre fusain comme si vous l'exécutiez sur papier blanc, mais en tenant votre travail plus léger et transparent afin que la teinte se sente ; si vous la couvriez tout à fait au fusain elle serait inutile, cela va de soi.

Point de règles pour ceci, le goût seul doit vous guider ; évitez toutefois les tons crus et durs et contentez-vous de *teintes*, non de *couleurs violentes* qui donneraient à votre œuvre un aspect quelque peu... « canaille » (encore un terme d'atelier un peu violent mais qui exprime bien ce qu'il veut dire).

CONCLUSION

Nous nous sommes, j'espère, suffisamment étendu sur le fusain, ses pompes et ses œuvres.

Nous avons cherché à vous guider de notre mieux dans vos débuts et à vous faire faire connaissance avec le procédé que vous voulez essayer et avec le matériel qu'il nécessite. Or quand on vous fait faire la connaissance de quelqu'un, vous avez vite fait de vous lier avec ce quelqu'un s'il vous est sympathique, s'il a « une figure qui vous revient » ; il en est de même d'un procédé nouveau ; s'il vous plaît, vous en ferez bien vite votre ami. Le fusain sera non seulement une connaissance agréable, mais une connaissance utile, car il y a entre lui et d'autres procédés des points de ressemblance assez grands. Par le fusain vous obtiendrez rapidement et facilement « des effets », ce qui vous entraînera à en chercher beaucoup ; or cela vous fera évidemment faire en peu de temps des progrès rapides, et lorsque vous voudrez varier un peu vos plaisirs et essayer d'un moyen autre pour rendre ces effets, vous aurez déjà une telle habileté que le côté difficile étant acquis, vous n'aurez plus qu'à vous exercer un peu au maniement des nouveaux outils que vous voudrez employer, ce qui n'est plus rien. Nous disions qu'il y avait corrélation entre le fusain et d'autres procédés : avec le crayon, par exemple, avec le pastel qui comporte une exécution presque identique et qui pour vous ne sera qu'un fusain en couleurs. Habitué à vous servir du grattoir pour enlever vos blancs sur papier, vous serez fort adroit pour en faire autant sur pierre, si quelque jour la fantaisie vous prend de faire de la lithographie !

Bref, en apprenant à vous servir adroitement « du fusain », vous apprendrez, sans vous en douter, à vous servir adroitement d'autres outils... Je souhaite de tout mon cœur que vous deveniez également fort dans le maniement de chacun d'eux, et je serais ravi d'y être pour quelque chose.

TABLE DES MATIÈRES

2834-96. — CORBEIL. Imprimerie ÉD. CRÉTÉ.

H. LAURENS, ÉDITEUR, 6, RUE DE TOURNON, PARIS.

1897 — 4e ANNÉE — 1897

Le Modèle

RECUEIL BIMENSUEL

de

DOCUMENTS ET IDÉES ARTISTIQUES

FACILES A APPLIQUER OU A TRANSFORMER

et destinés

Aux Amateurs, aux Artistes et aux Industriels

DIRECTEUR : **G. Fraipont**

PROFESSEUR À LA LÉGION D'HONNEUR

ABONNEMENTS

UN AN : PARIS ET DÉPARTEMENTS. **12 FR.** — UNION POSTALE.......... **14 FR.**

Le Numéro : 60 centimes

PARAIT LE 1er ET LE 15 DE CHAQUE MOIS

Chaque numéro de cette publication de format in 4 raisin renferme 4 pages de compositions artistiques absolument inédites

Depuis plusieurs années le goût des arts s'est développé en France d'une façon merveilleuse ; mais alors qu'une foule de publications reproduisent les œuvres remarquables des siècles passés, aucune ne s'est fondée pour répandre dans le public les meilleurs travaux de nos contemporains. Il nous a semblé qu'un recueil qui demanderait aux artistes justement appréciés de notre époque des compositions rentrant dans leur spécialité serait bien accueilli du monde artiste.

LE MODÈLE s'adresse aux jeunes filles, aux professeurs de dessin et aux élèves, aux artistes amateurs ou professionnels, aux industriels et aux ouvriers d'art. Le plan de cette revue permettra en effet à tout le monde d'en tirer profit ; on y trouvera des modèles d'ornement et de décoration, des compositions et des scènes de genre auprès d'études de figures ou de paysages prises d'après nature. A côté du sérieux, il faut de la fantaisie ; c'est pourquoi chaque numéro renferme une composition toute faite, prête à être copiée et s'appliquant tantôt à un abat-jour ou à une boîte à gants, tantôt à des menus, à des éventails, à des écrans, etc. En même temps que des planches données sans liens de suite, LE MODÈLE entreprendra d'après un plan fixé à l'avance des séries qui, à un moment donné, formeront un ensemble précieux et un véritable cours ; c'est ainsi que nous pouvons annoncer que dès les premiers numéros commenceront deux rubriques intitulées : l'une, la *Fleur naturelle et ornementale*, l'autre, les *Attitudes d'animaux*.

De façon que les abonnés au MODÈLE soient sûrs en s'abonnant de ne trouver que des choses nouvelles, **tout ce qui paraîtra dans le journal sera absolument inédit.** Nous chercherons avant tout à être pratiques et utiles, aussi nous efforcerons-nous d'être suggestifs (pour employer un mot à la mode) et de répondre à ce qu'annonce notre sous-titre en ne donnant pas seulement des dessins à copier, mais bien **des documents et des idées artistiques faciles à appliquer ou à transformer.**

Chaque année parue (1894, 1895, 1896), forme un très beau volume in-4°, cart. 15 fr.

Trois Numéros-Spécimens sont envoyés contre 0 fr. 75 en timbres-poste.

CORBEIL. — IMPRIMERIE ÉD. CRÉTÉ.

www.ingramcontent.com/pod-product-compliance
Ingram Content Group UK Ltd.
Pitfield, Milton Keynes, MK11 3LW, UK
UKHW020346180726
13839UKWH00002B/953

9 782329 268583